SHANGSHI GONGSI YU KUAIJISHI
SHIWUSUO SHUANGXIANG XUANPIN
GUANXI JI CELÜE YANJIU

上市公司与会计师事务所双向选聘关系及策略研究

程璐 李骏龙 谭紫莹 著

北京理工大学出版社
BEIJING INSTITUTE OF TECHNOLOGY PRESS

版权专有　侵权必究

图书在版编目（CIP）数据

上市公司与会计师事务所双向选聘关系及策略研究 / 程璐，李骏龙，谭紫莹著．—北京：北京理工大学出版社，2022.3

ISBN 978－7－5763－0934－8

Ⅰ.①上… Ⅱ.①程…②李…③谭… Ⅲ.①上市公司－财务审计－研究－中国 Ⅳ.①F239.65

中国版本图书馆 CIP 数据核字（2022）第 023968 号

出版发行 /	北京理工大学出版社有限责任公司
社　　址 /	北京市海淀区中关村南大街 5 号
邮　　编 /	100081
电　　话 /	（010）68914775（总编室）
	（010）82562903（教材售后服务热线）
	（010）68944723（其他图书服务热线）
网　　址 /	http：//www.bitpress.com.cn
经　　销 /	全国各地新华书店
印　　刷 /	保定市中画美凯印刷有限公司
开　　本 /	710 毫米 × 1000 毫米　1/16
印　　张 /	12.75	责任编辑 / 王晓莉
字　　数 /	190 千字	文案编辑 / 王晓莉
版　　次 /	2022 年 3 月第 1 版　2022 年 3 月第 1 次印刷	责任校对 / 周瑞红
定　　价 /	86.00 元	责任印制 / 李志强

图书出现印装质量问题，请拨打售后服务热线，本社负责调换

前　言

作为连接公司内部与外部投资者的重要纽带，独立审计是一盏重要的传递公司财务状况的"信号灯"，也是把控资金安全的"守门人"，在我国上市公司股票发行、交易过程中起着重要的桥梁及监督作用，能够有效降低交易市场信息不对称，从而保护外部投资者及债权人的利益。然而，目前学术界对于上市公司与会计师事务所双向选聘过程缺乏专门的系统化研究，上市公司与会计师事务所之间的聘用关系除了受上市公司、会计师事务所特质性因素影响外，还会受到审计市场结构、上市公司风险状况的影响，但相关成果较少，结论并不统一，尚未有学者就我国审计市场中上市公司与会计师事务所已有聘用关系及双向选聘策略进行系统评价和科学研究。为促进审计市场良性健康发展，本书对上市公司与会计师事务所双向选聘关系形成的内在机理、影响因素及选聘决策模型展开全面分析和实证研究。

全书主要工作如下：

（1）深入剖析上市公司与会计师事务所聘用关系的形成过程及作用机理。梳理上市公司与会计师事务所聘用关系建立流程，构建两阶段博弈模型，通过动态博弈及演化博弈对双方的均衡最优策略进行分析，提出全书理论框架。

（2）基于2007年至2016年沪深两市A股上市公司财务数据，引入新的反映审计市场供需状况的变量，构建面板数据计量模型，以省域作为基础研究单位，实证检验我国省级层面审计市场供需结构对会计师事务所选聘的影响，包括对本地会计师事务所VS异地会计师事务所的选聘影响及对本地Big4会计师事务所VS本地Non-Big4会计师事务所的影响，并对模型进行稳健性检验。

（3）以 2007 年至 2013 年沪深两市 A 股上市公司年度数据为样本，实证检验我国省级层面审计市场供需结构对审计费用及审计质量的影响，并利用审计工时数据研究探索审计市场供需结构对审计质量的影响作用机制。

（4）以 2007 年至 2016 年沪深两市 A 股上市公司为样本，选取表征公司经营状况及财务活动的相关指标，构建二元逻辑回归模型，对上市公司与会计师事务所匹配度进行测算，据此考察我国审计市场中上市公司与会计师事务所间匹配关系对于审计费用及审计质量的影响，并进行相关稳健性检验。

（5）紧贴风险导向审计实务，在走访调研、梳理国内外学者已有研究成果的基础上，获取会计师事务所在业务承揽过程中基于上市公司风险评估工作的部分底稿及指标说明，提出包括上市公司基本信息、所处行业背景、公司治理结构、经营状况、财务状况五大部分，共计 21 个指标的上市公司经营风险测度指标体系，详细介绍了各指标的含义及数据来源。

（6）通过建立基于直觉三角模糊数 TOPSIS 的上市公司经营风险测度模型，对上市公司经营风险进行定量评价。同时，运用我国披露的上市公司签字注册会计师个人信息这一独有数据，将签字注册会计师个人特征信息与上市公司风险测度进行关联，构建基于风险测度的签字注册会计师派出决策模型，结合实际数据进行算例分析。

书中运用博弈理论、风险理论、决策理论等学科领域知识，通过建模及实证研究，对上市公司与会计师事务所聘用关系形成的内在机理、影响因素及双向选聘策略进行了全面分析，为会计师事务所在不同省域制定业务发展策略、监管者评估不同地域间行业发展状况提供新的依据；为评价我国审计市场的健康程度、进一步提升审计行业服务质量提供参考和建议；为会计师事务所进一步把控审计风险、制定签字注册会计师派出决策提供支撑。

本书受到中央高校基本科研业务费专项资金（项目编号：2021YQGL03）、中国矿业大学（北京）大学生创新训练项目（项目编号：202105023）资助，本人撰写 16 万字以上。

感谢长期以来关心、帮助和支持我的朋友们，本书编写中承蒙北京理工大学管理与经济学院董沛武教授、陈宋生教授的悉心指导及帮助，出版中受到中国矿业大学（北京）管理学院丁日佳教授的大力支持，在此向他们表示衷心感谢。感谢北京理工大学出版社李炳泉老师、徐宁老师、王晓莉老师以及参与本书出版过程的工作人员，在他们的热心帮助下，本书得以顺利出版。

由于作者水平有限，本书难免有疏漏之处，恳请读者和同行批评指正。

程 璐

2021 年 8 月

目 录

第1章 绪 论 ·· 1
  1.1 研究背景 ··· 1
  1.2 研究目的及意义 ·· 4
    1.2.1 研究目的 ··· 4
    1.2.2 研究意义 ··· 5
  1.3 相关理论及研究综述 ··· 8
    1.3.1 会计师事务所选聘相关理论 ·· 8
    1.3.2 会计师事务所选聘研究综述 ·· 10
    1.3.3 会计师事务所审计行为研究综述 ···································· 13
    1.3.4 审计费用研究综述 ·· 15
    1.3.5 审计质量研究综述 ·· 17
  1.4 研究内容与技术路线 ··· 21
    1.4.1 研究内容 ··· 21
    1.4.2 技术路线 ··· 24

第2章 上市公司与会计师事务所双向选聘机理分析 ··················· 25
  2.1 上市公司与会计师事务所双向选聘概述 ································· 25
  2.2 上市公司与会计师事务所双向选聘动态博弈 ·························· 27
    2.2.1 上市公司与会计师事务所动态博弈模型基本假设 ············ 28
    2.2.2 上市公司与会计师事务所动态博弈模型构建 ·················· 28
    2.2.3 上市公司与会计师事务所动态博弈模型均衡分析 ············ 29
  2.3 上市公司与会计师事务所双向选聘演化博弈 ·························· 29

  2.3.1 上市公司与会计师事务所演化博弈模型基本假设 ………… 30
  2.3.2 上市公司与会计师事务所演化博弈模型构建 …………… 30
  2.3.3 上市公司与会计师事务所演化博弈模型分析 …………… 33
 2.4 上市公司与会计师事务所双向选聘理论框架 ……………………… 45
  2.4.1 双向选聘行为的影响因素 ……………………………………… 46
  2.4.2 不同聘用关系的审计影响 ……………………………………… 47
  2.4.3 会计师事务所对签字注册会计师派出决策 ………………… 47
 2.5 本章小结 …………………………………………………………………… 48

第3章 审计市场供需结构对会计师事务所选聘影响研究 ………… 50
 3.1 会计师事务所选聘影响因素构成及研究概述 ……………………… 50
  3.1.1 会计师事务所选聘影响因素构成 …………………………… 50
  3.1.2 审计市场供需结构对会计师事务所选聘影响研究概述 …… 52
 3.2 审计市场供需结构对会计师事务所选聘影响基本假设 …………… 54
  3.2.1 对本地会计师事务所 VS 异地会计师事务所的选聘 ……… 55
  3.2.2 对本地 Big4 会计师事务所 VS Non-Big4 会计师事务所的
     选聘 …………………………………………………………………… 56
 3.3 研究设计及模型构建 …………………………………………………… 57
  3.3.1 样本选择和数据来源 ………………………………………… 57
  3.3.2 模型构建与变量定义 ………………………………………… 58
 3.4 实证研究 …………………………………………………………………… 62
  3.4.1 多元回归模型变量描述性统计 ……………………………… 62
  3.4.2 多元回归模型主假设结果分析 ……………………………… 67
  3.4.3 多元回归模型稳健性检验 …………………………………… 70
  3.4.4 研究结果讨论 ………………………………………………… 74
 3.5 本章小结 …………………………………………………………………… 75

第4章 审计市场供需结构对会计师事务所审计行为影响研究 ……… 77
 4.1 审计市场供需结构对审计费用的影响 ……………………………… 77
 4.2 审计市场供需结构对审计质量的影响 ……………………………… 78
  4.2.1 审计市场供需结构与审计质量 ……………………………… 78
  4.2.2 审计投入的中介效应 ………………………………………… 81

4.3 研究设计及模型构建 ………………………………………………………… 82
　　4.3.1 样本选择和数据来源 …………………………………………………… 82
　　4.3.2 模型构建与变量定义 …………………………………………………… 83
4.4 实证研究 ……………………………………………………………………… 87
　　4.4.1 审计市场供需结构对审计费用的影响 ……………………………… 87
　　4.4.2 审计市场供需结构对审计质量的影响 ……………………………… 95
4.5 本章小结 ……………………………………………………………………… 102

第5章 上市公司与会计师事务所匹配度的选聘影响研究 ……………………… 104
5.1 上市公司与会计师事务所匹配度的选聘影响概述 ………………………… 104
5.2 上市公司与会计师事务所匹配度测算 ………………………………………… 105
　　5.2.1 上市公司与会计师事务所匹配度概念界定 ………………………… 105
　　5.2.2 上市公司与会计师事务所匹配度测算模型 ………………………… 107
5.3 上市公司与会计师事务所匹配度的选聘影响基本假设 …………………… 109
　　5.3.1 对审计费用的影响 ……………………………………………………… 109
　　5.3.2 对审计质量的影响 ……………………………………………………… 110
5.4 研究设计及模型构建 ………………………………………………………… 112
　　5.4.1 样本选择和数据来源 …………………………………………………… 112
　　5.4.2 模型构建与变量定义 …………………………………………………… 112
5.5 实证研究 ……………………………………………………………………… 115
　　5.5.1 多元回归模型变量描述性统计 ………………………………………… 115
　　5.5.2 多元回归模型主假设结果分析 ………………………………………… 120
　　5.5.3 多元回归模型稳健性检验 ……………………………………………… 123
　　5.5.4 研究结果讨论 …………………………………………………………… 126
5.6 本章小结 ……………………………………………………………………… 127

第6章 基于风险测度的签字注册会计师派出决策模型研究 …………………… 129
6.1 相关概念及研究概述 ………………………………………………………… 129
　　6.1.1 相关概念界定 …………………………………………………………… 129
　　6.1.2 签字注册会计师派出决策研究概述 ………………………………… 134
6.2 上市公司经营风险测度指标体系构建 ……………………………………… 134
　　6.2.1 上市公司经营风险测度指标体系的构建原则 ……………………… 134

6.2.2 上市公司经营风险测度指标体系构建及指标解释 …… 135
6.2.3 样本描述及信效度检验 …………………………………… 139
6.3 基于风险测度的签字注册会计师派出决策模型构建 …………… 143
6.3.1 直觉三角模糊数相关概念 ………………………………… 144
6.3.2 TOPSIS 评价方法相关概念 ……………………………… 145
6.3.3 基于直觉三角模糊数 TOPSIS 的上市公司经营风险测度模型 …………………………………………………… 147
6.3.4 签字注册会计师派出决策模型 …………………………… 150
6.4 实证研究 …………………………………………………………… 152
6.4.1 上市公司经营风险测度 …………………………………… 152
6.4.2 确定签字注册会计师派出决策 …………………………… 157
6.5 本章小结 …………………………………………………………… 158

第7章 结论与展望 ……………………………………………………… 159
7.1 研究结论与成果 …………………………………………………… 159
7.2 研究局限与展望 …………………………………………………… 162

参考文献 ……………………………………………………………………… 163

附录A 《2016年会计师事务所综合评价前百家信息》 ……………… 180

附录B 上市公司经营风险调查问卷 …………………………………… 184
第一部分：主体指标 ……………………………………………………… 184
第二部分：个人基本信息 ………………………………………………… 187
第三部分：意见与建议 …………………………………………………… 187

图目录

图 1.1　会计师事务所产生和发展的基本理论 ……………………… 9
图 1.2　逻辑关系图 ……………………………………………………… 21
图 1.3　技术路线 ………………………………………………………… 24
图 2.1　上市公司与会计师事务所选聘机理分析研究步骤 ………… 26
图 2.2　上市公司与会计师事务所动态博弈模型的博弈树 ………… 28
图 2.3　上市公司的复制动态示意图 …………………………………… 34
图 2.4　会计师事务所的复制动态示意图 ……………………………… 35
图 2.5　复制动态相位图 ………………………………………………… 37
图 2.6　上市公司实施财务舞弊获取的违规收益 u_a 的灵敏度分析 …… 42
图 2.7　上市公司因舞弊遭受监管部门处罚 v_a 的灵敏度分析 ……… 43
图 2.8　上市公司因会计师事务所告发所遭受的损失 e 的灵敏度分析 … 44
图 2.9　会计师事务所与上市公司合谋的违规收益 u_b 的灵敏度分析 … 44
图 2.10　会计师事务所因合谋遭受监管部门处罚 v_b 的灵敏度分析 … 45
图 2.11　双向选聘行为的影响因素研究思路 ………………………… 46
图 2.12　上市公司会计师事务所匹配度的选聘影响研究思路 ……… 47
图 2.13　基于风险测度的签字注册会计师派出决策模型研究思路 … 48
图 4.1　2007—2013 年会计师事务所客户平均资产规模变动 ……… 79
图 4.2　会计师事务所市场份额变动 …………………………………… 80
图 4.3　中介效应研究框架 ……………………………………………… 82
图 5.1　2010—2016 年会计师事务所客户平均资产规模变动 …… 107

图 5.2　2010—2016 年会计师事务所费用增长率与资产增长率比值 ………… 110
图 6.1　杜邦分析法示意 …………………………………………………… 132
图 6.2　直觉三角模糊数分布 ……………………………………………… 144
图 6.3　模糊语义隶属函数 ………………………………………………… 153
图 6.4　确定签字注册会计师派出决策 …………………………………… 158

表目录

表 2.1	上市公司与会计师事务所演化博弈模型支付矩阵	31
表 2.2	均衡点的雅克比行列式和迹值	35
表 2.3	均衡点局部稳定性	36
表 3.1	会计师事务所选聘影响因素构成	52
表 3.2	会计师事务所供给模型变量定义	59
表 3.3	会计师事务所供给模型回归结果	60
表 3.4	多元回归模型变量定义	61
表 3.5	各省（市）上市公司及审计会计师事务所描述性统计	63
表 3.6	相关变量描述性统计	65
表 3.7	t 检验统计表	66
表 3.8	重要变量相关系数表	66
表 3.9	多元回归结果	68
表 3.10	稳健性检验	71
表 4.1	2008—2013 年 Big4 会计师事务所客户构成	79
表 4.2	多元回归模型变量定义	84
表 4.3	多元回归模型变量定义	86
表 4.4	相关变量描述性统计	88
表 4.5	t 检验统计表	89
表 4.6	重要变量相关系数表	89
表 4.7	多元回归结果	90

表 4.8　稳健性检验 …… 93
表 4.9　相关变量描述性统计 …… 95
表 4.10　t 检验统计表 …… 97
表 4.11　重要变量相关系数表 …… 97
表 4.12　多元回归结果 …… 98
表 4.13　稳健性检验 …… 100
表 5.1　Big4 会计师事务所客户构成 …… 107
表 5.2　上市公司与会计师事务所匹配度测算模型变量定义 …… 108
表 5.3　上市公司与会计师事务所匹配度取值 …… 108
表 5.4　多元回归模型变量定义 …… 113
表 5.5　相关变量描述性统计 …… 116
表 5.6　t 检验统计表 …… 118
表 5.7　重要变量相关系数表 …… 119
表 5.8　多元回归模型检验结果 …… 121
表 5.9　稳健性检验 …… 125
表 6.1　基本信息要素指标 …… 136
表 6.2　行业背景要素指标 …… 136
表 6.3　治理结构要素指标 …… 137
表 6.4　经营状况要素指标 …… 138
表 6.5　财务状况要素指标 …… 138
表 6.6　调查样本的基本情况 …… 140
表 6.7　Cronbach's Alpha 系数与信度对照表 …… 141
表 6.8　调查样本信度检验 …… 142
表 6.9　KMO 样本测度的判断标准 …… 142
表 6.10　调查样本的 KMO 和 Bartlett 检验结果 …… 142
表 6.11　待评价元语义变量表 …… 152
表 6.12　上市公司各经营风险测度指标权重 …… 153
表 6.13　正理想解 A^+ …… 155

表 6.14 负理想解 A^- …………………………………………………… 155
表 6.15 待评价元与正负理想解距离及贴近度排序 …………………… 156
表 6.16 签字注册会计师胜任能力排序 ………………………………… 157

第 1 章 绪 论

1.1 研究背景

作为资本市场重要的中介服务机构,独立审计在我国上市公司股票发行、交易过程中起着重要的桥梁及监督作用,能够有效降低交易市场信息不对称的概率,推动防控金融风险,保护外部投资者特别是中小投资者及债权人的利益。然而,从 2019 年的康美药业、康得新,到 2020 年年初的瑞幸,再到 2021 年年初的德勤(指 2021 年年初的德勤内部举报事件),频频曝出的财务舞弊和会计造假使得社会公众对审计机构独立性的质疑再一次甚嚣尘上。2021 年 3 月 13 日,中注协审计准则委员会召开会议,专题研讨"打击资本市场财务造假,提升审计质量",指出注册会计师行业需要正视问题,刀刃向内提升审计质量。分析识别上市公司与会计师事务所双向选聘策略,探究会计师事务所审计行为背后的驱动因素及相关经济后果对促进我国审计市场乃至证券市场良性健康发展具有重要意义。

(1)独立审计作为市场经济控制机制的重要组成部分,在我国上市公司股票发行、交易过程中起着重要的桥梁及监督作用,然而学术界对于会计师事务所选聘过程缺乏专门的系统化研究。

作为市场经济控制机制的重要组成部分,独立审计是一盏重要的传递公司财务状况的"信号灯",也是把控资金安全的"守门人"。随着 2001 年美国安然事件的发生及安达信的轰然倒塌,审计独立性被推至风口浪尖,美国随即颁布萨班斯法案(Sarbanes-Oxley Act of 2002),力求规范外部审计师的执业操守,该法案

第203条规定：负责某公司审计项目的合伙人或负责复核该审计项目的合伙人须以5年为限进行轮换[1]。我国也于2003年发布了《关于证券期货审计业务签字注册会计师定期轮换的规定》，明确提出签字注册会计师连续为某一相关机构提供审计服务不得超过5年[2]。

近年来，大量的研究集中讨论上述政策法规的实施效果，包括其对审计独立性、审计质量可能产生的影响[3][4][5]。然而，要想保证外部审计的独立性，追根溯源，需要从审计业务的前端即会计师事务所选聘展开讨论。作为审计研究的重要分支，上市公司与会计师事务所之间的聘用关系除了受上市公司、会计师事务所特质性因素影响外，还会受到审计市场结构、上市公司风险水平等影响，但相关研究较少，鲜有文章对会计师事务所选聘的内在机理展开讨论[6][7][8]。与此同时，除了政策因素和监管要求外，如何客观评价现有上市公司与会计师事务所间的聘用关系及其对审计费用及审计质量可能产生的影响，仍然是有待实证检验的问题。

（2）供求双方的信息不对称导致审计市场经常地处于一种不平衡状态，这是否影响会计师事务所选聘还有待实证检验。

从审计市场的外围环境看，根据经典供求理论，市场中供应商之间竞争越激烈，消费者将拥有越多的选择空间，同时也将支付越低的价格。如果将审计服务视同实体商品，该理论同样适用。然而，审计服务又具有其特殊性，"可替代性"较差，同时"供给黏性"较高，审计服务的供给需要大量的前期投入，并转化成丰富的工作经验和成熟的职业判断；另外，在某一特定年份中，受人员配备及合约安排约束，会计师事务所的"产能"相对稳定[9]。从长期趋势看，会计师事务所可通过内部提拔或者外部招募弥补"可替代性"差或"供给黏性"高等不足，然而这一过程受制于会计师事务所自身业务能力及品牌美誉度，可能持续数年才能显现成效。此外，市场中某一家会计师事务所的进入或者退出，抑或是客户对审计质量需求的改变都会带来审计市场供求关系的改变。因此，市场信息反应时滞、会计师事务所"供给黏性"、客户需求变化等共同决定了审计市场将经常性地处于供需不平衡状态，而这种不平衡所导致的审计市场外围环境的改变是否会对上市公司与会计师事务所间的选聘行为产生影响目前尚不得知。

(3) 切实加强从事证券服务业务会计师事务所执业质量自律监管，规范业务质量，需要分析探究会计师事务所审计行为—审计产出—审计质量的传导路径。

2020年9月18日，中注协印发《关于加强从事证券服务业务会计师事务所执业质量自律监管的意见》，对加强从事证券服务业务会计师事务所执业质量自律监管的全流程、全链条提出明确要求。2020年9月25日，财政部、国资委、银保监会联合发布《关于加强会计师事务所执业管理切实提高审计质量的实施意见》。2020年11月19日财政部批准中注协印发《会计师事务所质量管理准则第5101号——业务质量管理》《会计师事务所质量管理准则第5102号——项目质量复核》《中国注册会计师审计准则第1121号——对财务报表审计实施的质量管理》三项会计师事务所执业准则，要求从整个会计师事务所层面规范业务质量。监管政策的密集出台，传达出国家对于会计师事务所行业业务质量提升的紧迫感和必要性，审计质量是审计行为规范与否的直接体现，有效提升审计质量，需要分析探究会计师事务所审计行为—审计产出—审计质量的传导路径。

(4) 促进审计市场的良性运营，亟待对现行上市公司与会计师事务所匹配关系进行科学测度，并分析不同聘用关系下的审计影响。

市场竞争的加剧致使会计师事务所不断寻求自身的竞争优势，并通过提高对某些特定行业客户服务的专业性树立自身的市场品牌[10]，这意味着会计师事务所会根据发展阶段的不同调整目标客户群结构。这种调整可能源自会计师事务所内部，如成立新的业务部门或对收入成本结构产生新的要求等，是一种主动调整；但调整也可能来自外部，客户审计需求发生改变、市场中新的会计师事务所进入或者原有会计师事务所退出等，后者则属于被动调整[11]。Bills（2012）认为规模较大的会计师事务所的客户群特征会显著区别于规模较小的会计师事务所，当出现上市公司与会计师事务所选择调整时，上市公司与会计师事务所不匹配现象极易出现[12]。无论会计师事务所出于主动或者被动的调整，当上市公司与会计师事务所间正常的聘用关系被打破时，审计市场中正常的收费结构也将被改变，最终的审计质量也将受到影响。但目前，尚未有学者就我国审计市场中上市公司与会计师事务所间的匹配关系及其选聘影响进行系统研究。

(5) 中国独特的审计报告制度赋予了我们全新的视角,可对签字注册会计师派出决策进行更为深入的研究。

从审计市场内部参与主体的角度出发,会计师事务所承揽客户,向来都是风险和收益并存。已有学者和相关文献将审计业务相关风险分为审计风险、客户经营风险及会计师事务所经营风险三类。其中,审计风险是指会计报表存在重大错误或漏报而注册会计师审计后发表不恰当审计意见的可能性[13][14];客户经营风险指上市公司财务状况在短期或者长期内发生恶化的风险[15][16][17];会计师事务所经营风险则是指会计师事务所在从业过程中可能遭受的损失,主要指诉讼风险[16][18]。2001年安然事件及随后发生的安达信会计师事务所的垮塌为所有的会计师事务所敲响了警钟,至此,审计相关风险的防范及应对成为理论与实务界研究讨论的重点话题,特别是与会计师事务所选聘阶段紧密相关的客户经营风险更加成为会计师事务所风险把控的重中之重。然而,受限于数据的可得性,前人的研究主要停留在会计师事务所层面。区别于英、美等发达资本主义国家,在中国,独特的审计报告制度使得我们能够直接从年度审计报告中看到两位签字注册会计师的个人信息,这也赋予了我们一个独特的视角——从签字注册会计师层面对这一问题展开更为深入的研究。

因此,书中将从系统论的角度出发,分别从审计市场外围环境及内在参与主体两个维度深入研究我国会计师事务所选聘行为的内在机理及影响因素,同时对现有上市公司与会计师事务所间的聘用关系进行科学测度,考察二者匹配度对审计费用、审计质量可能产生的影响,并通过构建会计师事务所签字注册会计师派出决策模型,为科学选聘提供方法支撑。

1.2 研究目的及意义

1.2.1 研究目的

(1) 梳理上市公司与会计师事务所聘用关系建立流程,构建两阶段博弈模型,深入剖析上市公司与会计师事务所聘用关系的形成过程及作用机理,为研究提供理论支持。

(2) 全面分析会计师事务所选聘影响因素，并从我国省级层面的审计市场供给、需求两个维度出发，构建面板数据多元回归模型，研究我国审计市场供求关系对会计师事务所选聘及审计行为的影响方式与程度。

(3) 构建上市公司与会计师事务所匹配度测算模型，科学评价我国上市公司与会计师事务所匹配关系，实证检验我国审计市场中上市公司与会计师事务所匹配度对审计费用及审计质量的影响，分析不同匹配关系下审计市场发展态势。

(4) 紧贴风险导向审计实务，分析提出上市公司经营风险测度指标体系，构建上市公司经营风险测度模型，为上市公司经营风险测度提供定量评估方法，并据此构建签字注册会计师派出决策模型，为上市公司制定签字注册会计师派出决策提供方法论。

1.2.2 研究意义

1. 理论意义

(1) 从系统外围环境及内在参与主体两个维度出发，为探讨上市公司与会计师事务所选聘关系提供创新性理论研究视角和方式。

结合复杂系统及委托代理理论，将审计市场看作一个封闭系统，从系统外围环境（审计市场结构）及内在参与主体（上市公司、会计师事务所）两个维度出发，基于上市公司与会计师事务所选聘关系建立、审计工作实施、签字注册会计师派出等全链条，研究探讨上市公司与会计师事务所聘用关系及选聘决策，有别于以往从某一类参与主体视角展开。首先，向链条的前端回溯，研究上市公司与会计师事务所聘用关系的形成机理及鲜有研究的外围审计市场结构影响；同时，测算我国现行上市公司与会计师事务所间匹配程度，考察其对审计费用及审计质量的可能影响；借助我国披露上市公司签字注册会计师个人信息的独特数据，构建基于风险测度的签字注册会计师派出决策模型，为审计市场的良性发展提供科学方法和理论借鉴。

(2) 首次从我国省级层面探讨审计市场供需结构对会计师事务所选聘的影响，拓展了审计市场相关研究。

作为审计研究的重要分支，上市公司与会计师事务所之间的聘用关系除了受上市公司、会计师事务所特质性因素影响外，也会受到审计市场结构及竞争状况的影响，但相关研究较少，结论也未统一，且现有研究多以描述性统计居多，鲜有文章对会计师事务所选聘的内在市场机理展开讨论。书中从全新视角出发，分析探讨我国省级层面审计市场供求关系现状，对审计市场研究进行了扩充，也为分析上市公司对于会计师事务所的选聘行为提供了新思路。

（3）首次从我国上市公司与会计师事务所聘用关系的视角出发，研究双方匹配度对于审计费用、审计质量的影响，丰富了审计费用、审计质量相关理论。

为科学评价我国上市公司与会计师事务所现行匹配关系，本研究通过构建二元逻辑回归模型，对上市公司与会计师事务所匹配度进行测算，实证检验我国审计市场中上市公司与会计师事务所匹配度的选聘影响，揭示上市公司与会计师事务所匹配度对于审计费用、审计质量影响的作用机理，分析不同匹配关系下审计市场走势，指出上市公司与会计师事务所向上的不匹配关系能够有效抑制客户的盈余管理行为，有利于审计市场及上市公司的良性运营，进一步拓展审计费用及审计质量相关研究。

（4）构建基于风险测度的签字注册会计师派出决策模型，为上市公司经营风险的量化评估及签字注册会计师的派出决策提供有效方法和理论支撑。

本研究结合前期走访调研及国内外学者的已有研究成果，分析提出包括上市公司基本信息、所处行业背景、公司治理结构、经营状况、财务状况五大部分，共计21个指标的上市公司经营风险测度指标体系。鉴于上市公司经营风险测度指标体系同时具有复杂性、不确定性及风险之间相互关联性等特征，建立基于直觉三角模糊数TOPSIS的上市公司经营风险测度模型，对上市公司经营风险进行定量测算。运用我国披露上市公司签字注册会计师个人信息这一独有数据，将签字注册会计师个人特征信息与上市公司经营风险程度进行关联，构建基于风险测度的签字注册会计师派出决策模型，丰富上市公司财务风险与签字注册会计师派出行为的相关研究，为上市公司经营风险的量化评估及签字注册会计师的派出决策提供有效方法和理论支撑。

2. 现实意义

（1）本研究为会计师事务所在不同省域开展业务、监管者评估不同地域间审计市场发展状况提供新的依据。

为使本研究更具现实意义,本书撰写之初,对全国排名前 20 的会计师事务所进行了走访和调研,详细了解各会计师事务所总分所设立原则、总所分所业务承揽模式及具体审计业务流程,在此基础上形成了初步的研究思路。在调研过程中了解到,目前我国会计师事务所总部基本都设立在北京、上海、广州、深圳等一线城市,总部一般考虑将分所设立在各省的省会城市,以覆盖所在省份的审计需求,主要原因在于省会城市经济交易活跃、资源丰富,各省的上市公司一般也都位于省会城市,以方便开展审计工作。由于不同省份经济发展状况各不相同,审计市场结构千差万别,考虑到市场交易过程中信息反应时滞、会计师事务所"供给黏性"、客户需求变化等,审计市场将经常地处于供需不平衡状态,而不平衡所导致的审计市场外围环境的改变是否会对上市公司与会计师事务所间的选聘行为产生影响目前尚不得知。本研究从审计市场供给、需求全新研究视角出发,观察我国省级层面审计市场供需不平衡对会计师事务所选聘的影响,为会计师事务所在不同省域开展业务、监管者评估不同地域间审计市场发展状况提供新的依据。

(2) 本研究为评价我国审计市场的健康程度、进一步提升审计行业服务质量提供参考和建议。

面对日益严峻的审计市场竞争局面,会计师事务所根据自身发展阶段的不同会不断调整目标客户群结构,这种调整可能源自会计师事务所内部,也可能来自外部,不论是主动调整还是被动调整,都将打破审计市场原有平衡状态。具体为:当市场中规模较大的会计师事务所承接了原本应由规模较小的会计师事务所服务的客户,则认为出现了上市公司与会计师事务所向上的不匹配;而当市场中规模较小的会计师事务所承接了原本应由规模较大的会计师事务所服务的客户,则出现了上市公司与会计师事务所向下的不匹配。本研究通过对我国审计市场中上市公司与会计师事务所的现行匹配关系进行测算,考察了双方匹配度对于审计费用及审计质量的影响,分析了不同匹配关系下审计市场的发展状况,给出了审计市场良性发展建议。本研究为评价我国审计市场的健康程度、进一步提升审计行业服务质量提供了参考和建议。

(3) 本研究有助于会计师事务所进一步把控审计风险,科学制定签字注册会计师派出决策。

美国安然事件的发生及随后安达信会计师事务所的垮塌为审计行业敲响了警钟，至此，审计相关风险的防范及应对成为理论与实务界研究讨论的重点话题。审计业务相关风险可以分为审计风险、上市公司经营风险及会计师事务所经营风险三类。其中，上市公司经营风险是指上市公司的财务经营状况在短期或者长期内恶化的风险。本研究紧贴风险导向审计实务，从审计业务承揽的前端出发，在走访调研、梳理国内外学者已有研究成果的基础上，获取会计师事务所在业务承揽过程中基于上市公司风险评估工作的部分底稿及指标说明，提出上市公司经营风险测度指标体系，构建上市公司经营风险测度模型，为上市公司经营风险定量评价提供科学方法。同时，受限于数据的可得性，前人关于审计风险相关研究主要停留在会计师事务所层面。区别于英、美等国家，在中国，独特的审计报告制度使得我们能够直接从年度审计报告中看到两位签字注册会计师的个人信息，将签字注册会计师个人特征信息与上市公司经营风险程度进行关联，构建基于风险测度的签字注册会计师派出决策模型，为会计师事务所如何有效地把控审计风险、科学制定签字注册会计师派出决策提供一定的理论支撑和现实指导。

1.3 相关理论及研究综述

1.3.1 会计师事务所选聘相关理论

会计师事务所最早出现在西方社会，是市场经济发展到一定阶段的客观产物[19]。关于会计师事务所产生和发展的基本理论如图1.1所示，主要有如下三项。

1. 代理理论

代理理论又被称为委托代理理论，其产生于市场的信息不对称及交易成本，是目前学术界用来解释审计来源的主流理论，源于Coase（1937）、Alchian和Demsetz（1972）等在论文中探讨所有者与经营者之间所产生的产权问题，并指出公司由一系列契约所构成[20][21]。Jensen和Meckling（1976）首次给出了委托代理理论的完整版本，指出企业的本质实际是契约关系，是为了应对交易成本而

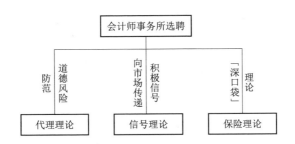

图 1.1 会计师事务所产生和发展的基本理论

形成的产物[22]。此后,许多学者从信息不对称可能引发的逆向选择和道德风险问题角度,结合会计信息能够减轻信息不对称、促进契约有效性、降低交易成本的特点,对审计相关问题展开了更为深入和细致的研究。

2. 信号理论

Ball 和 Brown（1968）以 1957—1965 年纽约证券交易所的 261 家上市公司为研究样本,实证检验了证券市场报酬与会计信息之间的相关性,首次为证券市场价格对上市公司盈余公告做出反应提供了可靠证据[23]。Wallace 在 1980 和 1989 年间,通过发表论文首次完整提出了审计信息假说。该假说的出现与盛行,和财务报告决策有用性的信息观的出现与盛行有关[24][25]。根据经典财务理论,股价应为企业未来现金流量的折现值,而上市公司公告的财务报表信息与未来企业产生的现金流量值息息相关。Watts 和 Zimmerman（1983）认为,企业未来的现金流量值与其公告的财务报表信息间存在高度相关性,外部投资者可以据此估计企业在未来时间所产生现金流量的数量、可能的时间及概率分布,从而做出更为理性的投资决策,提高资源配置的效率[26]。

3. 保险理论

自 20 世纪 80 年代以来,有学者开始将注册会计师所提供的审计业务作为降低会计信息风险的有力手段,自此注册会计师审计业务开始具备风险分担的保险功能。Wallace（1980）认为,注册会计师是类似"深口袋"（deep pockets）的有钱人[24],财务会计报告最好能够得到注册会计师的"背书担保",当投资人遭受损失时,便能以其决策由于依赖专业会计服务为由对注册会计师提起诉讼,从而获得来自会计师事务所的赔偿,这就产生了对审计的需求。在保险理论假说看来，审计被当作一种保险行为，以减轻外部投资者及其他利益相关者所承受的风险压力。

1.3.2 会计师事务所选聘研究综述

1. 对本地 VS 异地会计师事务所的选聘

Choi 等（2008）研究指出，如果上市公司总部与会计师事务所隶属同一都市区，则为同地审计（Local Auditors）；相反，如果上市公司总部与会计师事务所不在同一都市区内，则称为异地审计（Non-local Auditors）[27]。

Choi 等（2012）进一步研究发现客户选聘当地或者异地会计师事务所，取决于其资产规模、业务复杂程度、财务杠杆、经营状态、外部筹资需求、盈利状况及诸多其他因素[28]。

Shi 等（2015）基于 2004—2014 年非金融行业上市公司样本，分析发现上市公司异地审计的比例约为 31.7%，并且认为异地审计意味着较低廉的审计费用[29]。

Lundstrom 等（2017）通过对选择本地或者异地会计师事务所的上市公司分析发现，选择异地会计师事务所的上市公司并不是出于审计费用的考虑，而是为了逃避监管，选择本地会计师事务所的上市公司面临更多的诉讼风险及财务重述[30]。

余玉苗（2001）基于 1999 年我国上市公司财务数据实证研究证明，我国具备证券执业资格的会计师事务所拥有高达 79.6% 的本地客户，并据此认为我国审计市场竞争程度不高，地方保护主义凸显[31]。

耿建新等（2001）基于我国上市公司会计师事务所变更数据实证研究表明：经历过会计师事务所变更的上市公司更倾向于聘请本地会计师事务所。论文认为上市公司变更会计师事务所的过程会受到地方保护主义因素的影响[32]。

张立民等（2004）基于 2002 年我国 A 股上市公司财务数据实证研究发现：我国会计师事务所在本地的市场占有率很高，具体体现在本地上市公司客户数目及本地上市公司客户的资产总额很高，该研究为我国审计市场地域分割现象提供了直接证据[33]。

吕兆德等（2007）实证研究发现，我国上市公司更倾向于聘请本地会计师事务所，造成这一现象的因素主要取决于会计师事务所所在地上市公司数量，与上市公司自身特质性因素无关[34]。

李训等（2013）通过实证研究表明，我国2009年上市公司选择本地会计师事务所的比例接近80%，我国审计市场呈现出明显的地域特征[35]。

林钟高等（2014）基于2006—2012年我国制造业A股上市公司样本，研究了关系型交易对会计师事务所选聘的地域性影响，结果表明对上游主要供应商及下游客户关系型交易更为依赖的上市公司聘请本地小会计师事务所的概率更大[36]。

胡海燕和唐建新（2015）基于我国2000—2011年所有国企上市公司样本，研究发现地方国资委更倾向于选聘本地小型会计师事务所[37]。

2. 对Big4 VS Non-Big4会计师事务所的选聘

Hay等（2006）通过研究指出国际"四大"会计师事务所①（下文简称Big4会计师事务所，除此之外的会计师事务所下文统称为Non-Big4会计师事务所）被认为是会计师事务所品牌、规模及市场占有率的替代变量[38]。

Fan和Wong（2005）以东亚8个经济体上市公司为样本，发现公司规模、业绩与选聘Big5会计师事务所的概率呈显著正相关[39]。

Lawrence等（2011）以美国上市公司为样本，发现除公司规模、业绩外，财务杠杆也是影响客户选聘Big4或Non-Big4会计师事务所的重要因素[40]。

Lennox（2005）分析英国540家非上市公司财务数据，发现管理层持股与审计会计师事务所规模呈现高度的非线性，在管理层持股比例较高或者较低的区间内，管理层持股比例与选聘Big5会计师事务所的概率呈现负相关[41]。

Cassell等（2012）发现公司治理水平也是客户在选聘Big4或Non-Big4会计师事务所时着重考虑的因素[42]。

王鹏和周黎安（2006）从最终控制人出发，发现控股股东的股权供求产生的代理成本越严重，上市公司越有可能选聘Big4会计师事务所[43]。

娄权（2006）以委托代理理论为基础，选择2002年深圳股市的484家上市公司作为样本，考察了大股东控制的公司会计师事务所选择行为。结果发现第一大股东持股比例越高，就越不聘请Big4会计师事务所的境内合作所，以便实施

---

① 国际"四大"会计师事务所包括普华永道会计师事务所、毕马威会计师事务所、德勤会计师事务所和安永会计师事务所。

其掏空行为；而设立审计委员会可以在一定程度上遏制大股东的会计师事务所选择偏好；如果第一大股东是外资股，则更可能聘请 Big4 会计师事务所的境内合作所，以求降低其代理成本[44]。

孙铮和于旭辉（2007）基于管理分权的角度，得出代理层级越多的国有上市公司越倾向于选聘 Big4 会计师事务所[45]。

张敏等（2013）基于 2002—2009 年我国制造业上市公司财务数据，实证检验了公司供应商集中度连同客户集中度对管理层会计师事务所选聘决策的影响，发现管理层会通过选聘高质量的会计师事务所向外界发送信号，换言之，审计信号理论对于投资者之外的利益相关者同样适用[46]。

罗明琦和赵环（2014）以 2002—2012 年全部 A 股上市公司为样本，实证研究了管理者权力对企业年报会计师事务所选择的影响。研究结果表明，管理者权力越大，企业选聘 Non-Big4 会计师事务所的概率越高，更乐意支付更高的审计费用，同时收到非标准审计意见的概率越低[47]。

张建军和郑丹琳（2017）从会计师事务所特征出发，研究不同会计师事务所类型对于并购溢价的影响。结果表明，会计师事务所的确会对并购溢价产生影响，聘请大规模、高声誉的 Big4 会计师事务所有助于降低并购溢价[48]。

李传宪和刘通（2017）基于 2011—2014 年我国全部 A 股上市公司样本，实证检验了终极控制人对会计师事务所选聘的影响。结果表明，上市公司终极控制人为国有控股、具有政治身份或现金流权与控制权分离程度越高时，上市公司越倾向于选聘 Big4 会计师事务所[49]。

3. 国内外研究现状评述

（1）会计师事务所选聘的地域性研究多以描述性统计为主，缺乏深度分析。

从前文综述可以看出，目前国内外有关审计市场中会计师事务所选聘的地域性研究主要集中在选聘本地或者异地会计师事务所上，同时分析方法也比较简单，一般多是采用一些描述性的统计数据，借以捕捉会计师事务所选聘所呈现出的外在特征。但缺乏对于外在呈现的内部原因及会计师事务所选聘地域特征的影响因素分析，尚未有研究深入系统地对会计师事务所选聘存在地域特征的内在机理展开讨论。

(2) 分类型的会计师事务所选聘研究尚不完善,多研究客户特质因素对 Big4 会计师事务所选聘的影响。

作为世界会计师事务所行业的巨头,Big4 会计师事务所在我国审计市场中也具有举足轻重的地位(客户平均资产规模市场占有率为 38.26%),其本身就具备很强的特殊性和研究价值。前文对 Big4 会计师事务所选聘的国内外研究综述中,国内外多名学者研究了选聘 Big4 会计师事务所的影响因素。然而,一方面,现有研究大都从客户自身特质因素出发,研究公司规模、治理结构等对于选聘 Big4 会计师事务所的影响,尚未有学者就审计市场供求对 Big4 会计师事务所选聘的作用机理展开讨论;另一方面,自 2000 年起,中注协、财政部发布了《会计师事务所扩大规模若干问题的指导意见》《关于加快发展我国注册会计师行业的若干意见》《关于支持会计师事务所进一步做强做大的若干政策措施》等一系列政策文件鼓励国内会计师事务所做强做大[50][51][52]。《2013 年会计师事务所综合评价前百家信息》[53]显示,2013 年全行业业务收入超过 1 亿元的会计师事务所达到 46 家,其中瑞华和立信两家本土会计师事务所跻身百家榜前 5 位,可见,Big4 会计师事务所在内地会计行业长期占有绝对优势的格局已经改变,本土大所在经历高速发展后已逐渐可与 Big4 比肩。因此,很有必要针对我国审计市场中会计师事务所的结构调整,对除 Big4 会计师事务所以外的其他国内所的选聘机理展开研究。

1.3.3 会计师事务所审计行为研究综述

1. 会计师事务所—客户关系缔结中的审计行为研究

会计师事务所—客户关系缔结中的审计行为研究主要聚焦如何应对诉讼风险和声誉风险。诉讼风险方面,Pratt 和 Stice 研究认为会计师事务所对诉讼风险的评估主要基于客户自身经营风险及错报风险[54],应对方式包括收取费用溢价、增加审计投入等[54][55]。根据会计师事务所—客户关系缔结的时机,既包括针对 IPO 客户的审计行为研究[56][57],也包括监管政策变化(如强制轮换)后的审计行为研究[58]。

声誉风险方面,已有的研究主要基于实验和访谈,早期发现会计师事务所更倾向于通过规避风险客户来管理声誉风险[16],持续性的实验研究陆续发现了审计定价、会计师事务所工作规划、审计投入在会计师事务所应对声誉风险中的作用机制[15][18][59][60]。基于声誉风险的会计师事务所行为对整个审计市场的影响程度、重要性和后果尚不清楚[61]。

2. 会计师事务所审计行为的市场反应研究

资本市场及外部投资者是审计行为传导的终端。Chen 等（2000）通过对我国 A 股市场的研究，发现投资者对非标审计意见给予了显著的负面评价[62]。此后，学者们围绕会计师事务所审计行为的市场反应展开了大量研究，综合来看，主要基于上市公司盈余反应系数及外部融资策略。通过盈余反应系数的相关研究发现，审计公告的负面市场反应、关键审计事项披露与盈余反应系数呈正相关关系[63][64]，减少审计费用披露会降低审计质量与盈余反应系数的感知关联[65]；基于外部融资策略的相关研究发现，会计师事务所审计质量对上市公司融资方式选择、融资成本、融资约束等均会产生显著影响[66][67][68][69]，并间接影响企业技术创新[70]。

3. 会计师事务所审计行为的社会网络研究

受制度环境、文化以及政府干预行为等因素的影响，中国资本市场以关系型交易模式为主体[71]。以关系型合约为主体的交易模式决定了中国资本市场的信息传递方式具有一定的特殊性，会计师事务所作为资本市场重要的信息中介，其审计行为也会受到关系型交易模式的影响[72]。已有关于审计行为的社会网络研究主要从会计师事务所层面、客户层面及会计师事务所—客户间三个维度展开。会计师事务所层面，Yang（2013）发现审计师利用其政治关系，帮助 IPO 客户提高过会率并借以提高审计费用[73]，廖义刚和黄伟晨（2019）证实审计师的团队社会网络中心度与其审计质量正相关[74]；客户层面，武凯文（2019）研究指出上市公司的关系网络规模越大，会计师事务所审计费用越高[72]；此外，大量文献聚焦会计师事务所—客户社会关系，发现审计师任期[75][76]、审计师同独立董事间的社会关系[77][78]以及审计师同公司高管间的社会关系[79]都会对审计质量产生一定的负面影响。

4. 国内外研究现状评述

1）缺乏从整体视角对会计师事务所行为的系统分析

当前会计师事务所行为研究多基于诉讼风险和声誉风险，研究单一风险因素下的会计师事务所应对策略，并且声誉风险相关研究多以实验和访谈为主，缺乏大数据的实证检验，其对整个审计市场的影响程度、重要性和后果尚不清楚。因此，有必要从整体视角，对两种风险影响下的审计行为进行刻画，增加声誉风险对审计行为影响的实证证据。

2）缺乏风险应对视角下的审计行为产出研究

已有审计行为产出聚焦审计质量，研究边界伴随新的影响因素的发现和验证而不断被拓宽。但研究结论并不完全统一，甚至截然相反，有必要从审计行为背后的风险驱动因素出发，分析诉讼风险和声誉风险互动机制，实证检验两种因素共同影响下的审计行为产出。

3）缺乏会计师事务所—客户关系视角下的市场反应研究

现有审计行为市场反应研究大多基于会计师事务所审计报告，考虑到我国资本市场以关系型交易模式为主，会计师事务所审计行为本身也会受到关系型交易模式的影响，在网络媒体高度发达的今天，会计师事务所—客户间的互动信息会传导并最终引起资本市场连锁反应。因此，有必要在关系型交易模式的背景下，从会计师事务所—客户互动关系出发，增加相关市场反应的经验证据。

1.3.4　审计费用研究综述

1. 审计费用模型及其特征变量

Simunic（1980）首次对审计费用模型进行了经典性的论述，认为审计费用是审计支出（时间、成本等）的函数，审计定价包括审计资源成本和风险溢价两部分，其中风险溢价主要用以补偿会计师事务所可能面临的各种风险，诸如诉讼风险和名誉损坏风险[80]。论文通过构建多元回归模型，引入客户资产总额、子公司数目、所处行业、海外资产、负债总额、存货、净收入、亏损、非标准审计意见、审计任期10个指标，对审计费用进行了描述，为最早期的审计费用模型。

此后，不断有新的变量被引入以修正模型，目前，关于审计费用的影响研究较为成熟，已知对审计费用产生显著性影响的变量主要包括：资产规模（Size）、杠杆率（Leverage）、亏损（Loss）、回报率（ROA）、流动比率（Current Asset/

Total Asset)、快速比率（Quick Ratio）、海外销售（Foreign Sales）、业务部门数量（Number of Segments）、财年（December Year End）、非标准审计意见（GC Opinion）、年份及行业（Industry/Year Dummy）。此外，审计费用模型的残差常被用作异常审计费用的衡量。

2. 审计费用影响因素国内外研究综述

Simunic（1980）考察了 10 个影响审计费用的因素[80]，奠定了审计费用实证分析的基础，并且首次指出审计定价包括审计资源成本和风险溢价两部分，其中风险溢价主要用以补偿会计师事务所可能面临的各种风险，诸如诉讼风险和名誉损坏风险。

Francis 等（2005）以美国选聘 Big5 会计师事务所的上市公司为样本，发现具备国家及都市层面行业专长的会计师事务所会收取费用溢价[81]。

Newman 等（2005）基于美国上市公司年报数据，从审计监管的视角出发，研究发现市场监管力度越强、会计师事务所舞弊后受到的处罚越强，审计费用越高，同时上市公司投资回报率也越高[82]。

Numan 和 Willekens（2011）研究会计师事务所行业专业化及会计师事务所空间竞争对于审计定价的影响，并发现审计费用随着现任会计师事务所审计市场份额与其最接近竞争者市场份额差距的增大而提高[83]。

Taylor 等（2016）通过对审计费用相关因素进行综述和分析发现，在诸多影响审计费用的因素中，资产规模及销售额具有误导性，这两个指标并不能够称为审计费用的决定性因素[84]。

Qian 等（2018）研究了公允价值计量对于审计费用的影响，实证结果表明公允价值计量可能会提高审计师对于上市公司操控性应计项目的风险预估，进而提高审计费用[85]。

吴联生和刘慧龙（2008）认为目前关于审计费用影响因素的研究已经足够，即便再运用不同的样本而得出相同的结论，也没有实质性的意义[86]。

邢立全和陈汉文（2013）基于我国 2007—2011 年上市公司年度观测样本，实证检验产品市场竞争对审计费用的影响，结果表明上市公司所在行业市场竞争状况和其所处竞争地位与审计费用负相关，并且会计师事务所会根据上市公司产品市场竞争状况制定收费策略[87]。

田利辉和刘霞（2013）从我国审计市场中不同类型会计师事务所的收费结构出发，研究发现 Big4 会计师事务所通过国际品牌声誉为其带来了较大的费用溢价，审计费用显著高于国内其他审计会计师事务所[88]。

翟胜宝等（2017）通过对存在控股股东股权质押行为的上市公司研究发现，Big4 会计师事务所具有更强的风险应对意识，审计费用也显著高于 Non-Big4 会计师事务所[89]。

陈宋生和曹圆圆（2018）以实施股权激励上市公司为样本，研究股权激励背景下上市公司管理层的审计意见购买行为，研究发现公告股权激励的上市公司在公告前一年会有明显的审计费用上升，异常审计费用的原因在于审计意见购买，文章建议监管者要求对异常审计费用出现的原因进行披露[90]。

3. 国内外研究现状评述

目前，国内外大量文献从客户、会计师事务所特质性因素以及市场监管等方面出发，研究归纳了审计费用的相关影响因素及作用机理，为探究审计费用的影响因素、明确审计价格的形成机制提供了实证经验及理论支撑。然而，在某些领域，有关审计费用的研究结论依然相互冲突（例如，已有学者基于审计市场集中度视角，发现其对审计费用有正的或负的影响），鲜有文章从上市公司与会计师事务所聘用关系的角度出发，研究其对审计费用的影响，并对其内在作用机理展开深入讨论。因此，书中将在已有研究的基础上，从我国审计市场上市公司与会计师事务所聘用关系的视角出发，研究其对审计费用的影响，并进一步拓展和细化相关研究。

1.3.5 审计质量研究综述

1. 审计质量的概念及其衡量指标

审计质量，本质上而言，与财务报告质量密切相关，它描述的是由会计师事务所的专业审计人员实施审计工作的全过程，体现在能否准确指出财务报告违规或疑似违规之处并将其反馈在审计报告上。PCAOB（2010b）审计条款第 14 条指出审计就是对公司所有财务活动的量化评价[91]，包括对于公司管理层判断的潜在质疑，审计质量就体现在对公司财务活动客观评价后所出具的能够反映公司真实经营状况的审计报告中。

DeAngelo（1981）认为审计质量是审计师发现并披露被审计公司财务报告存在问题的联合概率，其依赖于审计人员的专业水平及独立性[92]。Watts 和 Zimmerman（1986）将审计质量界定为会计师事务所及注册会计师在时间、人力、物力等方面的审计投入，专业胜任能力，审计独立性及职业操守等方面的联合指数[93]。Khurana 等（2004）认为审计质量是外部投资者期望审计师发现上市公司的财务欺诈行为，并将其披露的可能性[94]。国内学者张龙平（1994）认为审计质量包括会计师事务所及审计师整体业务质量，并最终反馈于审计产出的质量[95]。

审计质量是对审计工作实施及审计产出水平的全面衡量，并不能被直接观测到，在研究过程中多使用其替代变量进行。目前关于审计质量的替代衡量方法比较多，主要有操控性应计[76][96][97]、审计意见[98][99][100]、会计稳健性[101][102][103]、盈余反应系数[104]、财务重述[105]、审计失败或审计失误[106][107]等。其中，以 Dechow 等（1995）的研究为基础[108]，选取基于修正的 Jones 模型计算得来的操控性应计利润的绝对值作为审计质量的替代变量，是目前关于审计质量的实证研究文献中最常见的衡量方法之一。

$$NDA_{i,t} = \eta_1(1/A_{i,t-1}) + \eta_2[(\Delta REV_{i,t} - \Delta REC_{i,t})/A_{i,t-1}] + \eta_3(PPE_{i,t}/A_{i,t-1}) \tag{1.1}$$

式中，$NDA_{i,t}$ 代表公司 i 第 t 期的非操控性应计利润额，$A_{i,t-1}$ 代表公司 i 第 $t-1$ 期的期末资产总额，$\Delta REV_{i,t}$ 代表第 t 期主营业务收入与第 $t-1$ 期主营业务收入的差额，$\Delta REC_{i,t}$ 代表第 t 期应收账款与第 $t-1$ 期应收账款的差额，$PPE_{i,t}$ 代表第 t 期固定资产原值。参数 η_1、η_2 及 η_3 的估计值通过对方程（1.2）进行分行业、分年度的回归得到：

$$TA_{i,t}/A_{i,t-1} = \lambda_1(1/A_{i,t-1}) + \lambda_2(\Delta REV_{i,t}/A_{i,t-1}) + \lambda_3(PPE_{i,t}/A_{i,t-1}) + \varepsilon_{i,t} \tag{1.2}$$

式中，
$$TA_{i,t} = NI_{i,t} - CFO_{i,t} \tag{1.3}$$

$TA_{i,t}$、$NI_{i,t}$、$CFO_{i,t}$ 分别代表第 t 期的总应计利润、净利润和经营现金净流量。最后，用总应计利润减去非操控性应计利润，即得到操控性应计利润 $DA_{i,t}$，即

$$DA_{i,t} = TA_{i,t}/A_{i,t-1} - NDA_{i,t} \tag{1.4}$$

2. 审计质量影响因素国内外研究综述

DeAngelo（1981）最早提出审计质量的计量模型，描述审计师发现问题、报告问题的能力[92]。此后，大量学者从会计师事务所、客户、审计市场结构、外部环境、监管政策等角度对审计质量影响因素进行补充，成果丰富。

其中，Watts 等（1983）将审计质量定义为审计师发现并报告客户财务报告错误的联合概率，这一定义包括了审计师的胜任能力和独立性两个方面[109]。

Kallapur 等（2010）从审计市场结构视角出发，使用审计质量的不同代理变量，研究发现审计市场结构越集中，审计质量越高[110]。

Boone 等（2012）研究得出相反的结论，发现伴随着审计市场集中度的提高，会带来审计质量的下降[111]。

Newton 等（2013）采用 Herf 指数作为市场集中度表征变量，研究发现美国大都市地区审计市场集中度与审计质量呈现正相关关系[112]。

Defond 等（2014）列举了大量的研究基于个体会计师事务所层面及客户自身特征，观察影响审计师提供高质量审计服务动机及能力的因素[3]。

Dodgson 等（2020）研究指出审计质量应该是会计师事务所风险权衡下与客户互动作用的综合结果[58]。

刘明辉等（2003）对我国审计市场集中度和审计质量关系的研究发现，我国审计市场集中度与审计质量之间呈现倒 U 形的函数关系，并认为有必要构造"寡占型"的上市公司审计市场供求来提高审计质量和会计师事务所的国际竞争力[113]。

徐浩萍（2004）从盈余管理的角度研究我国会计师事务所审计质量。发现我国会计师事务所鉴别盈余管理的能力与上市公司盈余管理的手段相关，其中对于操控非经营性应计利润的盈余管理敏感性最高，进而表现出更高的审计质量[114]。

陈信元和夏立军（2006）基于我国 2000—2002 年被出具标准无保留审计意见的上市公司样本，实证检验审计师任期与审计质量的关系。研究表明审计师任期与审计质量呈倒 U 形关系，并且分界点为审计任期的第 6 年[75]。

王咏梅和王鹏（2006）研究指出，Big4 与 Non-Big4 会计师事务所的审计质量存在显著差异，聘请 Big4 会计师事务所审计公司的盈余信息质量更高。同时，Big4 与 Non-Big4 会计师事务所审计质量的市场认同度也存在差异，Big4 会计师事务所的市场认同度也更高[115]。

张涛和吴联生（2010）通过建立博弈模型考察了审计师变更方式对于审计质量的影响。结果表明，强制性单期变更及强制性定期变更将导致严重的财务舞弊，自愿性变更下盈余质量及审计质量都将更高[116]。

龚启辉等（2011）从产权性质与区域属性的角度出发，实证检验了政府控制对于审计质量的影响。结果表明，国有企业的盈余管理水平较低，审计师更倾向于出具标准无保留的审计意见[117]。

张健和魏春燕（2016）基于我国 2009—2014 年沪深两市 A 股上市公司财务数据实证检验了会计师事务所转制对审计质量的影响，结果表明会计师事务所转制提升了审计质量，强化了审计经验[118]。

叶康涛等（2017）通过研究发现大客户具有谈判优势，通过对审计师施加压力进而影响审计意见[119]。

李俊霞（2017）通过对近年来我国审计市场中会计师事务所经历的几次大的合并浪潮进行分析，表明会计师事务所的快速合并扩张对审计质量会产生一定的负面影响[120]。

黄小勇等（2018）基于上交所 2013—2015 年 A 股制造业上市公司样本，考察审计质量与会计信息质量之间的关系，结果表明，上市公司审计质量与会计信息质量呈现显著的正相关关系[121]。

3. 国内外研究现状评述

由于审计质量反映了审计工作及审计产出的整体水平并不能够被直接观测到，因此目前的研究中多使用其替代变量进行。已有研究多从上市公司、会计师事务所特质性因素及政府监管角度展开，根据研究问题的不同，从不同侧面研究了审计质量的影响因素、作用成因，并给出了具体测度，为书中后续研究工作提供了大量的数据经验和实证结果支撑。然而，一方面，从前人的研究结果看，对于某些影响因素的研究结论尚不一致；另一方面，作为审计研究的核心内容，审计质量除了受上市公司、会计师事务所特质性因素及政府监管影响外，也会受到上市公司与会计师事务所聘用关系的影响，但相关研究较少，结论也并未统一，鲜有文章对其内在的作用机理展开深入讨论。

1.4 研究内容与技术路线

1.4.1 研究内容

本研究以管理学、博弈论、风险理论、决策理论等学科理论为指导，采用定量和定性相结合的研究方法，在深入分析上市公司与会计师事务所双向选聘市场机理的基础上，探究上市公司与会计师事务所双向选聘行为及选聘结果的影响因素，提出上市公司与会计师事务所双向选聘决策方法。根据研究主题，将研究内容划分为七个章节，主要章节间的逻辑关系如图1.2所示。

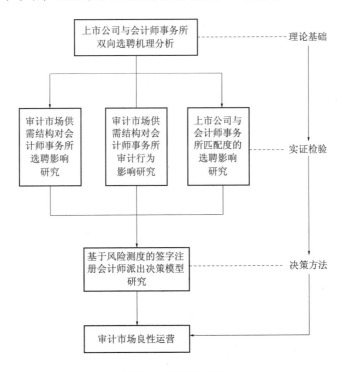

图1.2 逻辑关系图

首先对上市公司与会计师事务所聘用关系的形成过程及作用机理进行全面梳理和深入剖析，深层着眼于"审计市场的运行规律是什么"；其次，针对上市公司与会计师事务所双向选聘的不同阶段，探索双向选聘行为及选聘结果的影响因素，深层着眼于"影响因素是什么""如何影响的""影响程度如何"；再次，为促进审计市场的良性运营，研究构建会计师事务所对签字注册会计师的派出决策模型，深层着眼于"如何确定双向选聘策略""如何派驻签字注册会计师"。各章节的主要研究内容如下：

第 1 章为绪论。该部分是本研究的现实基础和思路总括。主要研究内容包括：①阐述研究背景、目的及意义，点明研究主体及现实作用；②研究综述，针对研究问题进行国内外文献梳理，奠定理论研究基础；③制定整个研究内容的框架和技术路线。

第 2 章是上市公司与会计师事务所双向选聘机理分析。书中将审计市场看作一个封闭系统，借助博弈理论，对双方选聘—受聘行为的内在机理展开分析。主要研究内容有：①上市公司与会计师事务所双向选聘概述，分析提出上市公司与会计师事务所选聘机理研究思路；②构建动态博弈模型，对上市公司与会计师事务所选聘"第一阶段"选聘关系形成期互动机制进行分析，包括基本假设、模型构建及博弈均衡分析；③构建演化博弈模型，对上市公司与会计师事务所选聘"第二阶段"审计工作执行期的互动策略进行刻画，分析博弈双方演化路径及稳定策略；④深入探讨上市公司与会计师事务所双向选聘市场机理，提出理论研究框架。

第 3 章为审计市场供需结构对会计师事务所选聘影响研究。本章节在全面分析会计师事务所选聘影响因素的基础上，着力考察审计市场供需不平衡对于会计师事务所选聘行为的影响。主要研究内容包括：①分析会计师事务所选聘影响因素构成，给出本章节研究概述；②通过理论分析，建立审计市场供需结构对会计师事务所选聘影响的基本假设；③研究设计及模型构建，构建 ZIP 计量模型对审计市场供需进行测度，并通过多元回归模型对主假设进行检验，详细介绍样本选择及数据来源、模型设计及变量定义等；④实证研究，包括变量的描述性统计结果、主假设结果及模型稳健性检验。

第 4 章为审计市场供需结构对会计师事务所审计行为影响研究。本章节在第 3 章基础上，进一步实证检验了审计市场供需不平衡对会计师事务所审计行为的影响，具体包括对审计费用和审计质量的影响。主要研究内容包括：①通过理论分析，建立审计市场供需结构对审计费用影响的基本假设；②通过理论分析，建立审计市场供需结构对审计质量影响的基本假设；③研究设计及模型构建，详细介绍样本选择及数据来源、模型设计及变量定义等；④实证研究，包括变量的描述性统计结果、主假设结果及模型稳健性检验。

第5章为上市公司与会计师事务所匹配度的选聘影响研究。本章节对我国上市公司与会计师事务所匹配度进行测算，据此研究其对选聘结果的影响，包括上市公司与会计师事务所匹配度对审计费用及审计质量的影响。具体研究内容如下：①在深入分析基础上对上市公司与会计师事务所匹配度的选聘影响相关概念、问题进行描述；②构建二元逻辑回归模型，对上市公司与会计师事务所匹配度进行测算，对其指标及建模过程进行介绍；③通过理论分析，建立上市公司与会计师事务所匹配度对审计费用、审计质量影响的基本假设；④研究设计及模型构建，选取表征公司经营状况及财务活动的相关指标，构建多元回归模型，详细介绍样本选择及数据来源、模型设计及变量定义等；⑤实证研究，包括变量的描述性统计结果、主假设结果及模型稳健性检验。

第6章为基于风险测度的签字注册会计师派出决策模型研究。本章节在前文上市公司与会计师事务所双向选聘决策达成的基础上，研究选聘关系形成期后会计师事务所如何确定签字注册会计师的派出决策问题。具体研究内容如下：①给出风险、审计风险及上市公司经营风险相关概念界定，提出会计师事务所对签字注册会计师派出策略研究概述；②结合前期走访调研及相关研究成果梳理，建立上市公司经营风险测度指标体系；③针对上市公司经营风险及指标特点，建立基于直觉三角模糊数 TOPSIS 的上市公司经营风险测度模型，对其性质和建模过程进行介绍，并据此构建基于风险测度的签字注册会计师派出决策模型；④以瑞华会计师事务所为例，选取 10 家上市公司作为研究对象，以 2015 年作为调查年份，对会计师事务所签字注册会计师的派出决策进行算例分析，首先对上市公司经营风险进行测度，基于上市公司经营风险测度结果，制定会计师事务所签字注册会计师派出决策。

第7章为研究结论与展望，在前面几个章节研究的基础上，概括本研究的主要结论，最后对不足与局限性进行总结，提出未来研究展望。

1.4.2 技术路线

本研究的技术路线如图 1.3 所示。

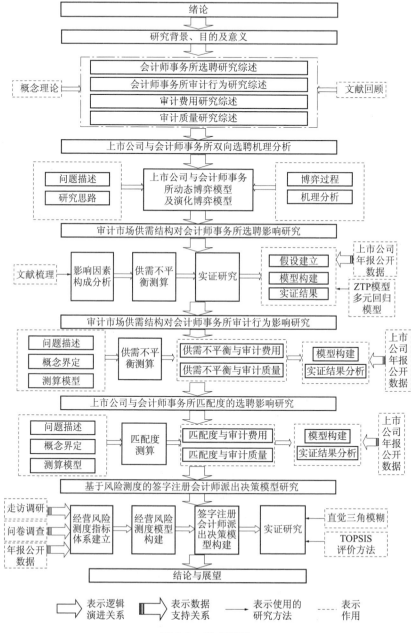

图 1.3 技术路线

第 2 章

上市公司与会计师事务所双向选聘机理分析

在现代市场经济条件下,真正拥有审计选聘权的是被审计上市公司的管理层,最终的选聘结果及审计行为实际上是上市公司管理层与会计师事务所双方权衡收益、风险后,博弈达成的结果。本章节依托博弈理论,构建两阶段博弈模型,分别运用动态博弈和演化博弈对上市公司与会计师事务所选聘的内在机理展开分析,据此提出上市公司与会计师事务所双向选聘理论框架。

2.1 上市公司与会计师事务所双向选聘概述

自 1993 年起,国务院、财政部、证监会等多部门相继下发《股票发行与交易管理暂行条例》《关于拟发行股票公司聘请审计机构等问题的通知》《关于调整证券资格会计师事务所申请条件的通知》及《首次公开发行股票并上市管理办法》等条例通知,要求上市公司应当向证监会、证券交易场所提供经注册会计师审计的年度报告,并且对于证券资格会计师事务所申请条件及上市公司年度报告中应披露的信息作了详细的规定[122][123][124][125]。上市公司选择会计师事务所对其进行财务审计不仅为了满足外部投资者的信息需求,更是国家监管部门的管理需求。

因此,上市公司和会计师事务所之间存在着明显的委托代理关系,上市公司需要委托具备证券从业资格的会计师事务所出具规范审计报告,并向其支付审计费用;会计师事务所对外提供审计服务,收取劳动报酬。

图 2.1 给出了上市公司与会计师事务所聘用关系形成的完整流程,一共包括

三个步骤。

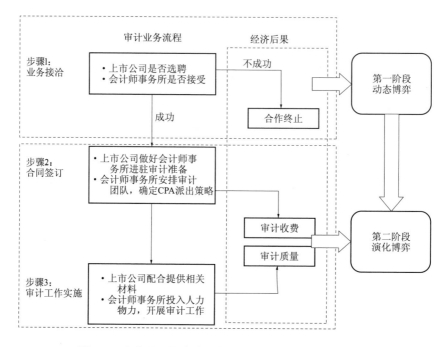

图 2.1　上市公司与会计师事务所选聘机理分析研究步骤

第一步：业务接洽。上市公司及会计师事务所根据掌握的市场信息（包括对方的业务规模、品牌、声誉等），在与对方接洽后达成初步意向，即确定是否选择对方并与之形成聘用关系。

第二步：合同签订。在第一阶段初步接洽的基础上，上市公司与会计师事务所就合作事宜签订审计服务合同，即上市公司委托会计师事务所对其公司会计报表及相关凭证开展审计工作，同时做好会计师事务所进驻审计准备；会计师事务所在此阶段应着手安排审计团队，确定 CPA 派出策略。

第三步：审计工作实施。合同签订结束后，审计工作正式启动，上市公司应保证审计工作人员随时查阅公司的账簿、记录和凭证，并有权要求公司的董事、经理或者其他高级管理人员提供有关的资料和说明，同时提供其子公司必要的资料和说明；会计师事务所则应确保足够的人力物力投入，保证审计工作的顺利开展，并在审计期末出具带有 CPA 签字的审计报告供监管部门及外部投资者检查及使用。

按照每一步骤的工作内容及相应的经济后果，又可以简化为两个阶段，第一阶段：选聘关系形成期，对应上文完整聘用流程的步骤 1 业务接洽；第二阶段：审计工作执行期，对应上文完整聘用流程的步骤 2、3。下面分别构建完全信息动态博弈模型和演化博弈模型，对上市公司与会计师事务所选聘不同阶段的内在机理展开分析。

1. 第一阶段——动态博弈分析

在这一阶段中，上市公司通过权衡收益和风险，做出相应的选聘决策，会计师事务所相应也可依据所掌握的信息，权衡利弊，选择接受或者不接受上市公司的委托。双方第一阶段决策的所需信息主要包括对方业务规模、品牌、声誉等，多为公开数据，易于获取，据此构建动态博弈模型，进行上市公司、会计师事务所博弈中的策略选择及均衡分析。

2. 第二阶段——演化博弈分析

上市公司与会计师事务所通过签订服务合同，正式确立委托代理关系，进入第二阶段审计工作执行期。在这一阶段，会计师事务所将对上市公司财务报表信息的相关性和可靠性做有效的评估，然而，上市公司管理层可能并不愿意披露所有的信息，比如过滤掉资产负债表中的某项负债，以便更方便地筹集资本。由于信息不对称所带来的逆向选择和道德风险问题，上市公司作为掌握财务信息优势的一方，可能会选择游说会计师事务所进行合谋舞弊，会计师事务所在综合权衡收益及风险后，也可能做出合谋或者保持独立性不合谋的决策。因而，可以认为，上市公司及会计师事务所是"有目标的"理性，并非完全理性。

此外，会计师事务所提供审计服务将持续一个相对长的时间，这使得双方都有更多的时间来不断更新信息，调整策略，从而达到最优。因此，基于以上特点，在第二阶段，书中将引入演化博弈论，通过构建演化博弈模型，对上市公司、会计师事务所的演化路径及稳定策略进行分析。

2.2 上市公司与会计师事务所双向选聘动态博弈

上市公司与会计师事务所经过业务接洽及相互了解，将决定是否建立聘用关系及开展后续的审计工作。根据委托代理理论,由于存在市场信息不对称,才会产生对会计师事务所的审计需求,同时,审计又兼具"信号"功能,通过选择高声誉高质量的审计师,向市场及外部投资者传递积极信号。因此,为了使分析更加贴近审计实务,对会计师事务所主体引入异质性,按照品牌声誉度将会计师事务所分为 Big4 和 Non-Big4 两大类,因此,构建动态博弈模型对第一阶段(业务接洽)选聘关系形成期进行分析,具体如下。

2.2.1　上市公司与会计师事务所动态博弈模型基本假设

假设1:博弈局中人为群体 A 上市公司和群体 B Big4 会计师事务所,二者具有完全信息,是完全理性的经济人,均以追寻各自的利益最大化为目标。

假设2:上市公司对 Big4 会计师事务所有选聘和不选聘两种策略,其策略集可简化为 $S_1 = \{选聘,不选聘\}$,Big4 会计师事务所具有接受、不接受两种策略,其策略集可简化为 $S_2 = \{接受,不接受\}$。

假设3:上市公司先向会计师事务所发出审计委托,会计师事务所在收到上市公司的审计委托之后,决定是否接受。

2.2.2　上市公司与会计师事务所动态博弈模型构建

上市公司与会计师事务所动态博弈模型的博弈树如图 2.2 所示。

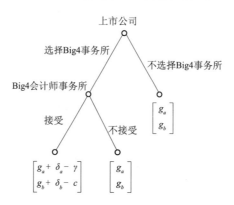

图 2.2　上市公司与会计师事务所动态博弈模型的博弈树

各参数含义如下:

g_a：上市公司的初始收益，值域为 $(0, \infty)$；

δ_a：上市公司选择 Big4 会计师事务所为其带来的声誉溢价，值域为$(0, \infty)$；

γ：上市公司选择 Big4 会计师事务所需支付的审计费用，$\gamma \geq 0$；

g_b：Big4 会计师事务所的初始收益，值域为 $(0, \infty)$；

ε_b：Big4 会计师事务所的费用溢价，值域为 $(0, \infty)$；

c：Big4 会计师事务所开展审计业务所付出的审计成本，$c \geq 0$。

2.2.3　上市公司与会计师事务所动态博弈模型均衡分析

图 2.2 以博弈树的形式给出了上市公司与会计师事务所动态博弈模型，上市公司的策略集 $S_1^1 = \{$选聘，不选聘$\}$，Big4 会计师事务所的策略集 $S_2^1 = \{$接受，不接受$\}$。上市公司及 Big4 会计师事务所的均衡策略分析如下：

1. 上市公司的最优策略

当上市公司不选择 Big4 会计师事务所时，其均衡收益为 g_a，即上市公司的初始收益；当上市公司选择 Big4 会计师事务所并成功时，其均衡收益为 $g_a + \delta_a - \gamma$，因此，当上市公司选择 Big4 会计师事务所为其带来的声誉溢价 δ_a 大于上市公司选择 Big4 会计师事务所需支付的审计费用 γ，即 $\delta_a > \gamma$ 时，$g_a + \delta_a - \gamma > g_a$。此时，上市公司选择 Big4 会计师事务所为其最优策略，否则选择 Non-Big4 会计师事务所为其最优策略。

2. Big4 会计师事务所的最优策略

对 Big4 会计师事务所而言，其接受上市公司的委托时，均衡收益为 $g_b + \varepsilon_b - c$；不接受上市公司的委托时，均衡收益为 g_b，即其初始收益。因此，当 Big4 会计师事务所的费用溢价 ε_b 大于 Big4 会计师事务所开展审计业务所付出的审计成本 c，即 $\varepsilon_b > c$ 时，$g_b + \varepsilon_b - c > g_b$。此时，Big4 会计师事务所接受上市公司的委托为其最优策略，否则不接受上市公司的委托为其最优策略。

2.3　上市公司与会计师事务所双向选聘演化博弈

根据委托代理理论，上市公司管理者与会计师事务所间存在着信息不对称，公司管理者基于其掌握的信息优势（道德风险）有动机为经济利益进行财务舞弊。即过滤掉资产负债表中的某些负债、粉饰企业的经营成果，欺骗外部投资者或其他利益相关者。与此同时，审计人员也可能利用自己掌握的专业知识、信息优势采取违规操作获取额外收益。本节通过构建非对称的演化博弈模型，对上市公司与会计师事务所选聘第二阶段（审计工作执行期）展开分析，求解博弈各局中人的博弈演化路径及稳定策略。

2.3.1 上市公司与会计师事务所演化博弈模型基本假设

假设1：博弈局中人为群体A上市公司和群体B会计师事务所，且博弈双方是在完全市场条件下的博弈行为，即不存在政府干预。

假设2：上市公司和会计师事务所并非完全理性，而是"有限理性"，在博弈初始阶段并不知道其他参与方的行动。

假设3：随着信息获取的增加，在t阶段博弈双方会根据信息来调整自己的策略，从而达到收益最大化。

假设4：上市公司为了追求自身利益的最大化，在博弈过程中，可能会选择舞弊，并通过游说或者强迫等方式促使会计师事务所与其进行合谋，也可能拒绝舞弊，其策略集合为$S_1=\{舞弊,不舞弊\}$；对此，会计师事务所在权衡利弊之后，可能会丧失独立性而选择违规操作与其合谋，也可能选择保持独立性，拒绝合谋，其策略集合为$S_2=\{合谋,不合谋\}$。

假设5：博弈初始阶段，选择舞弊的上市公司占全部上市公司的比例为x，$0 \leq x \leq 1$；选择合谋的会计师事务所占全部会计师事务所的比例为$y, 0 \leq y \leq 1$。

2.3.2 上市公司与会计师事务所演化博弈模型构建

基于如上假设，上市公司和会计师事务所在聘用关系初步达成后的第二阶段通过收益和成本的比对进行下一阶段的策略选择。上市公司的策略集合为$S_1=\{舞弊,不舞弊\}$，会计师事务所的策略集合为$S_2=\{合谋,不合谋\}$，构建演化博弈的支付矩阵如表2.1所示。

表 2.1　上市公司与会计师事务所演化博弈模型支付矩阵

策略选择		群体 B 会计师事务所	
		合谋（违规）y	不合谋（不违规）$1-y$
群体 A 上市公司	舞弊 x	$g_a + u_a - v_a - w_a - f$ $g_b + u_b - v_b - w_b - \eta c$	$g_a - e - f$ $g_b - \eta c - m$
	不舞弊 $1-x$	$g_a - f$ $g_b - \eta c - n$	$g_a - f$ $g_b - \eta c$

各参数含义如下：

g_a：上市公司的初始收益，值域为 $(0, \infty)$；

u_a：上市公司实施财务舞弊获取的违规收益，值域为 $(0, \infty)$；

v_a：上市公司因舞弊行为被查处，所遭受的监管部门处罚，值域为 $(0, \infty)$；

w_a：上市公司因舞弊被查处，声誉受损带来的损失，值域为 $(0, \infty)$；

e：会计师事务所公告上市公司舞弊行为，上市公司所遭受的损失，值域为 $(0, \infty)$；

f：上市公司支付会计师事务所的审计费用，$f \geq 0$；

g_b：会计师事务所的初始收益，值域为 $(0, \infty)$；

u_b：会计师事务所选择与上市公司合谋舞弊的违规收益，值域为 $(0, \infty)$；

v_b：会计师事务所因合谋舞弊行为所遭受的监管部门处罚，值域为 $(0, \infty)$；

w_b：会计师事务所因合谋舞弊被查处，声誉受损带来的损失，值域为 $(0, \infty)$；

c：会计师事务所开展审计业务所付出的审计成本，$c \geq 0$；

η：会计师事务所的努力系数，$0 \leq \eta \leq 1$；

m：会计师事务所保持独立性，拒绝与上市公司合谋所面临的损失，如审计费用下降或者解除审计合同等，值域为 $(0, \infty)$；

n：会计师事务所违反职业操守的审计行为被上市公司发现所面临的损失，如审计费用下降或者解除审计合同等，值域为 $(0, \infty)$。

其中：$u_a > v_a + w_a$，即上市公司实施财务舞弊获取的违规收益大于上市公司因舞弊行为被查处，所遭受的监管部门处罚及声誉损失之和；

$u_b + m > v_b + w_b$，即会计师事务所选择合谋舞弊获取的违规收益及潜在的不合谋损失之和大于会计师事务所因合谋舞弊行为所遭受的监管部门处罚及声誉损失之和。

据此，参与博弈双方中，当局中人 A 上市公司选择舞弊策略时，在局中人 B 选择与其合谋或者不合谋时，上市公司获得的收益分别为 $g_a + u_a - v_a - w_a - f$ 和 $g_a - e - f$，会计师事务所获得的收益分别为 $g_b + u_b - v_b - w_b - \eta c$ 和 $g_b - \eta c - m$；当局中人 A 上市公司选择不舞弊策略时，局中人 B 无论采取何种策略，上市公司获得的收益总是 $g_a - f$，会计师事务所获得的收益分别为 $g_b - \eta c - n$ 和 $g_b - \eta c$。η 为会计师事务所努力系数，即如果会计师事务所足够努力，其付出的审计成本将会相应上升，二者成正比例关系。

由表 2.1 支付矩阵可得，对于局中人 A 上市公司而言，选择舞弊策略的期望收益为：

$$U_{\delta_1}^{A} = y(g_a + u_a - v_a - w_a - f) + (1-y)(g_a - e - f) \tag{2.1}$$

局中人 A 上市公司选择不舞弊策略的期望收益为：

$$U_{\delta_2}^{A} = g_a - f \tag{2.2}$$

局中人 A 上市公司的平均期望收益为：

$$\begin{aligned}\bar{U}_A &= xU_{\delta_1}^{A} + (1-x)U_{\delta_2}^{A} \\ &= x[y(g_a + u_a - v_a - w_a - f) + (1-y)(g_a - e - f)] + \\ &\quad (1-x)(g_a - f)\end{aligned} \tag{2.3}$$

局中人 B 会计师事务所选择合谋（违规）策略的期望收益为：

$$U_{\delta_1}^{B} = x(g_b + u_b - v_b - w_b - \eta c) + (1-x)(g_b - \eta c - n) \tag{2.4}$$

局中人 B 会计师事务所选择不合谋（不违规）策略的期望收益为：

$$U_{\delta_2}^{B} = x(g_b - \eta c - m) + (1-x)(g_b - \eta c) \tag{2.5}$$

局中人 B 会计师事务所的平均期望收益为：

$$\begin{aligned}\bar{U}_B &= yU_{\delta_1}^{B} + (1-y)U_{\delta_2}^{B} \\ &= y[x(g_b + u_b - v_b - w_b - \eta c) + (1-x)(g_b - \eta c - n)] + \\ &\quad (1-y)[x(g_b - \eta c - m) + (1-x)(g_b - \eta c)]\end{aligned} \tag{2.6}$$

计算得到的上市公司采用舞弊策略的复制动态方程为：

$$F(x) = \frac{dx}{dt} = x(U_{\delta_1}^A - \bar{U}_A) \tag{2.7}$$

化简之后，得：

$$F(x) = \frac{dx}{dt} = x(1-x)[y(u_a - v_a - w_a) - e(1-y)] \tag{2.8}$$

同理，会计师事务所采用合谋（违规）策略的复制动态方程为：

$$F(y) = \frac{dy}{dt} = y(U_{\delta_1}^B - \bar{U}_B) \tag{2.9}$$

化简之后，得：

$$F(y) = \frac{dy}{dt} = y(1-y)[x(u_b - v_b - w_b + n + m) - n] \tag{2.10}$$

2.3.3 上市公司与会计师事务所演化博弈模型分析

1. 博弈局中人演化路径及稳定策略分析

1) 局中人 A 上市公司的演化路径及稳定性分析

方程（2.8）给出了局中人 A 上市公司的复制动态方程，可知

$$F'(x) = (1-2x)[y(u_a - v_a - w_a) - e(1-y)] \tag{2.11}$$

令 $F(x) = 0$，得到 $x_0 = 0$ 和 $x_0 = 1$ 两个疑似稳定点。

(1) 当 $y = y_0 = \dfrac{e}{u_a - v_a - w_a + e}$ 时，$F'(x) \equiv 0$，即会计师事务所以 y_0 的概率选择合谋（违规）策略时，对任意概率的 x，系统总是处于稳定状态，不会继续演化，其演化动态如图 2.3 中的 a 段所示。

(2) 当 $y > y_0$ 时，$x_0 = 0$ 和 $x_0 = 1$ 是两个疑似稳定点。判断得 $F'(0) > 0$，$F'(1) < 0$，根据微分方程稳定性判别条件及演化稳定策略的性质可得 $x = x_0 = 1$ 是演化稳定策略。表示当会计师事务所以大于 y_0 的概率选择合谋（违规）策略时，上市公司会逐渐由不舞弊策略向舞弊策略演化，舞弊策略转变为演化稳定策略，其演化动态如图 2.3 中的 b 段所示。

(3) 当 $y < y_0$ 时，$x_0 = 0$ 和 $x_0 = 1$ 是两个疑似稳定点，判断得 $F'(0) < 0$，$F'(1) > 0$，根据稳定性判别条件可得 $x = x_0 = 0$ 是演化稳定策略。表示当 B 会

计师事务所以小于 y_0 的概率选择合谋（违规）策略时，上市公司会逐渐由舞弊策略向不舞弊策略演化，即不舞弊策略是演化稳定策略，其演化动态如图 2.3 中的 c 段所示。

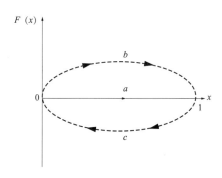

图 2.3　上市公司的复制动态示意图

2）局中人 B 会计师事务所的演化路径及稳定性分析

方程（2.10）给出了会计师事务所的复制动态方程，可知

$$F'(y) = (1 - 2y)[x(u_b - v_b - w_b + n + m) - n] \quad (2.12)$$

令 $F(y) = 0$，得到 $y_0 = 0$ 和 $y_0 = 1$ 两个疑似稳定点。

（1）当 $x = x_0 = \dfrac{n}{u_b - v_b - w_b + n + m}$ 时，$F'(y) \equiv 0$，即局中人 A 上市公司以 x_0 的概率选择不舞弊策略时，对任意概率的 y，系统总是处于稳定状态，不会继续演化，其演化动态如图 2.4 中的 a 段所示。

（2）当 $x > x_0$ 时，$y_0 = 0$ 和 $y_0 = 1$ 是两个疑似稳定点。判断得 $F'(0) > 0$，$F'(1) < 0$，根据稳定性判别条件可得 $y = y_0 = 1$ 是演化稳定策略。表示当上市公司以大于 x_0 的概率选择舞弊策略时，会计师事务所会逐渐由不合谋策略向合谋策略演化，此时合谋策略转变为演化稳定策略，其演化动态如图 2.4 中的 b 段所示。

（3）当 $x < x_0$ 时，$y_0 = 0$ 和 $y_0 = 1$ 是两个疑似稳定点，判断得 $F'(0) < 0$，$F'(1) > 0$，根据稳定性判别条件可得 $y = y_0 = 0$ 是演化稳定策略。表明上市公司以小于 x_0 的概率选择舞弊策略时，会计师事务所会逐渐由合谋策略向不合谋策略演化，此时不合谋策略转化为演化稳定策略，其演化动态如图 2.4 中的 c 段所示。

2. 关联主体策略的演化模型稳定性分析

由式（2.11）和式（2.12）共同构成了上市公司与会计师事务所博弈演化

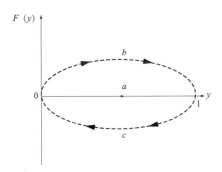

图 2.4 会计师事务所的复制动态示意图

的复制动态系统,令 $\frac{dx}{dt}=0,\frac{dy}{dt}=0$,求解得到演化博弈的均衡点(驻点)为:

$$(0,0)、(1,0)、(0,1)、(1,1)、(x_0,y_0)$$

式中,$x_0 = \dfrac{n}{u_b - v_b - w_b + n + m}$;$y_0 = \dfrac{e}{u_a - v_a - w_a + e}$。

进一步,由式(2.11)和式(2.12)中上市公司及会计师事务所动态复制方程分别对 x 和 y 求导,得到雅克比矩阵为:

$$G = \begin{bmatrix} (1-2x)[y(u_a-v_a-w_a)-e(1-y)] & x(1-x)(u_a-v_a-w_a+e) \\ y(1-y)(u_b-v_b-w_b+n+m) & (1-2y)[x(u_b-v_b-w_b+n+m)-n] \end{bmatrix}$$

(2.13)

计算得到各点的雅克比行列式和迹值,如表 2.2 所示。

表 2.2 均衡点的雅克比行列式和迹值

均衡点	行列式的值	迹的值
(0,0)	ne	$-e-n$
(1,0)	$e(u_b-v_b-w_b+m)$	$u_b-v_b-w_b+m+e$
(0,1)	$n(u_a-v_a-w_a)$	$u_a-v_a-w_a+n$
(1,1)	$(u_a-v_a-w_a)(u_b-v_b-w_b+m)$	$-(u_a-v_a-w_a+u_b-v_b-w_b+m)$
(x_0,y_0)	$-\left[\dfrac{n(u_b-v_b-w_b+m)}{u_b-v_b-w_b+m+n}\right] \times \left[\dfrac{e(u_a-v_a-w_a)}{u_a-v_a-w_a+e}\right]$	0

将 $(0,0)$、$(1,0)$、$(0,1)$、$(1,1)$、(x_0, y_0) 这 5 个均衡点分别记为 a、b、c、d、e，逐一分析 5 个均衡点的稳定性。

1）均衡点 a

均衡点 a 的行列式 $|G(0,0)| = ne > 0$，且迹 trace $(G(0,0)) = -n - e < 0$，因此 a 点是稳定点。

2）均衡点 b

同上，均衡点 b 的行列式为 $|G(1,0)| = e(u_b - v_b - w_b + m) > 0$，trace $(G(1,0)) = u_b - v_b - w_b + m + e > 0$，因此 b 点为不稳定点。

3）均衡点 c

同上，均衡点 c 的行列式为 $|G(0,1)| = n(u_a - v_a - w_a) > 0$，trace $(G(0,1)) = u_a - v_a - w_a + n > 0$，因此 c 点为不稳定点。

4）均衡点 d

同上，均衡点 d 的行列式为 $|G(1,1)| = (u_a - v_a - w_a)(u_b - v_b - w_b + m) > 0$，trace $(G(1,1)) = -(u_a - v_a - w_a + u_b - v_b - w_b + m) < 0$，故 d 点是稳定点。

5）均衡点 e

均衡点 e 的行列式 $|G(x_0, y_0)| = -\left[\dfrac{n(u_b - v_b - w_b + m)}{u_b - v_b - w_b + m + n}\right] \times \left[\dfrac{e(u_a - v_a - w_a)}{u_a - v_a - w_a + e}\right] < 0$，因此均衡点 e 为鞍点。均衡点 e 的横纵坐标：

$$0 < \frac{n}{u_b - v_b - w_b + n + m} < 1, \quad 0 < \frac{e}{u_a - v_a - w_a + e} < 1$$

上述分析得到的各均衡点局部稳定性判断结果如表 2.3 所示。

表 2.3 均衡点局部稳定性

均衡点	名称	行列式的正负	迹的正负	局部稳定性
$(0,0)$	a	+	−	ESS
$(1,0)$	b	+	+	不稳定
$(0,1)$	c	+	+	不稳定
$(1,1)$	d	+	−	ESS
(x_0, y_0)	e	−	0	鞍点

上表列示了各均衡点局部稳定性的分析结果,其中,点 a、d 是局部稳定点,即上市公司与会计师事务所 {不舞弊,不合谋} 或者 {舞弊,合谋} 这两个策略为演化博弈模型的进化稳定策略。由此得到上市公司与会计师事务所演化博弈的复制动态相位图,如图 2.5 所示。

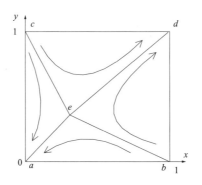

图 2.5 复制动态相位图

由图 2.5 可以看出,由不稳定点 b、c 和鞍点 e 组成的连接线构成了系统演化博弈空间的临界线。$abec$ 构成的区域是上市公司与会计师事务所不舞弊不合谋的区域,运行结果将收敛于 a,即行动策略为 {不舞弊,不合谋},$cebd$ 构成的区域是上市公司与会计师事务所舞弊合谋的区域,运行结果收敛于点 d,即行动策略为 {舞弊,合谋}。

3. 演化博弈系统的影响因素分析

由于系统演化并非一步到位,所以在一段时间内,由于各参与方选择不同的策略及其可能的概率,系统将处于一种合谋与不合谋共存的局面。当系统出现两种可能的均衡状态时,博弈双方支付函数的某些参数初始值及其变化将导致系统向不同的均衡点收敛。下面通过讨论参数变化分析参数对系统演化行为的影响。

由不稳定点 b、c 和鞍点 e 组成的折线可以看成是系统收敛于不同演化结果的临界线,设 $abec$ 的面积为 S_1,$cebd$ 的面积为 S_2,当 $S_1 = S_2$ 时,系统收敛于 a 点的概率等于收敛于 d 点的概率,即上市公司和会计师事务所选择 {不舞弊,不合谋} 策略和 {舞弊,合谋} 策略的概率相等;当 $S_1 > S_2$ 时,系统收敛于 a 点的

概率大于收敛于 d 点的概率, 即上市公司和会计师事务所选择 {不舞弊, 不合谋} 策略的概率大于 {舞弊, 合谋} 策略的概率; 当 $S_1 < S_2$ 时, 系统收敛于 a 点的概率小于收敛于 d 点的概率, 即上市公司和会计师事务所选择 {不舞弊, 不合谋} 策略的概率小于 {舞弊, 合谋} 策略的概率。通过分析影响区域 S_1 和区域 S_2 面积的参数变化可以得出博弈模型中界定的影响因素对上市公司及会计师事务所所选策略的影响。区域 S_1 和区域 S_2 面积计算公式如下:

$$S_1 = \frac{1}{2}(x_0 + y_0) = \frac{1}{2}\left[\frac{n}{u_b - v_b - w_b + n + m} + \frac{e}{u_a - v_a - w_a + e}\right] \quad (2.14)$$

$$S_2 = 1 - \frac{1}{2}(x_0 + y_0) = 1 - \frac{1}{2}\left[\frac{n}{u_b - v_b - w_b + n + m} + \frac{e}{u_a - v_a - w_a + e}\right] \quad (2.15)$$

从式 (2.14) 和 (2.15) 可以发现, 影响区域 S_1 和区域 S_2 面积的因素主要有 u_a、v_a、w_a、e、u_b、v_b、w_b、m、n, 下面选取部分影响因素展开分析。

1) 上市公司实施财务舞弊获取的违规收益 u_a

由 S_1 和 S_2 对 u_a 求一阶导数可得:

$$\frac{\partial S_1}{\partial u_a} = -\frac{1}{2}\left[\frac{e}{(u_a - v_a - w_a + e)^2}\right], \frac{\partial S_2}{\partial u_a} = \frac{1}{2}\left[\frac{e}{(u_a - v_a - w_a + e)^2}\right], 且 \frac{\partial S_1}{\partial u_a} < 0, \frac{\partial S_2}{\partial u_a} > 0$$

可知 S_1 为单调减函数, S_2 为单调增函数。即随着上市公司实施财务舞弊获取的违规收益 u_a 逐渐减小, S_1 面积逐渐增加, 系数收敛于 a 点的概率不断增加, 上市公司选择不舞弊的概率逐渐增加, 最终的稳定策略为 {不舞弊, 不合谋}, 反之亦然。与此同时, 随着上市公司实施财务舞弊获取的违规收益 u_a 逐渐增加, S_2 面积逐渐增加, 系数逐渐收敛于 d 点的概率不断增加, 上市公司选择舞弊的概率逐渐增加, 最终的稳定策略为 {舞弊, 合谋}, 反之亦然。

2) 上市公司因舞弊行为被查处, 所遭受的监管部门处罚 v_a

由 S_1 和 S_2 对 v_a 求一阶导数可得:

$$\frac{\partial S_1}{\partial v_a} = \frac{1}{2}\left[\frac{e}{(u_a - v_a - w_a + e)^2}\right], \frac{\partial S_2}{\partial v_a}$$

$$= -\frac{1}{2}\left[\frac{e}{(u_a - v_a - w_a + e)^2}\right], 且 \frac{\partial S_1}{\partial v_a} > 0$$

可知 S_1 为单调增函数，S_2 为单调减函数。即随着上市公司因舞弊行为所遭受的监管部门处罚 v_a 逐渐增加，S_1 面积逐渐增加，系数收敛于 a 点的概率不断增加，上市公司选择不舞弊的概率逐渐增加，最终的稳定策略为 {不舞弊，不合谋}，反之亦然。与此同时，随着上市公司因舞弊行为所遭受的监管部门处罚 v_a 逐渐减小，S_2 面积逐渐增加，系数逐渐收敛于 d 点的概率不断增加，上市公司选择舞弊的概率逐渐增加，最终的稳定策略为 {舞弊，合谋}，反之亦然。

3）上市公司因舞弊被查处，声誉受损带来的损失 w_a

由 S_1 和 S_2 对 w_a 求一阶导数可得：

$$\frac{\partial S_1}{\partial w_a} = \frac{1}{2}\left[\frac{e}{(u_a - v_a - w_a + e)^2}\right], \frac{\partial S_2}{\partial w_a}$$

$$= -\frac{1}{2}\left[\frac{e}{(u_a - v_a - w_a + e)^2}\right], 且 \frac{\partial S_1}{\partial w_a} > 0, \frac{\partial S_2}{\partial w_a} < 0$$

可知 S_1 为单调增函数，S_2 为单调减函数。即随着上市公司因舞弊被查处，声誉受损带来的损失 w_a 逐渐增加，S_1 面积逐渐增加，系数收敛于 a 点的概率不断增加，上市公司选择不舞弊的概率逐渐增加，最终的稳定策略为 {不舞弊，不合谋}，反之亦然。与此同时，随着上市公司因舞弊被查处，声誉受损带来的损失 w_a 逐渐减小，S_2 面积逐渐增加，系数逐渐收敛于 d 点的概率不断增加，上市公司选择舞弊的概率逐渐增加，最终的稳定策略为 {舞弊，合谋}，反之亦然。

4）会计师事务所选择与上市公司合谋舞弊的违规收益 u_b

由 S_1 和 S_2 对 u_b 求一阶导数可得：

$$\frac{\partial S_1}{\partial u_b} = -\frac{1}{2}\left[\frac{n}{(u_b - v_b - w_b + n + m)^2}\right], \frac{\partial S_2}{\partial u_b}$$

$$= \frac{1}{2}\left[\frac{n}{(u_b - v_b - w_b + n + m)^2}\right], 且 \frac{\partial S_1}{\partial u_b} < 0, \frac{\partial S_2}{\partial u_b} > 0$$

可知 S_1 为单调减函数，S_2 为单调增函数。即随着会计师事务所选择与上市公司合谋舞弊的违规收益 u_b 逐渐减小，S_1 面积逐渐增加，系数收敛于 a 点的概率不断增加，会计师事务所选择不合谋的概率逐渐增加，最终的稳定策略为 {不舞弊，不合谋}，反之亦然。与此同时，随着会计师事务所选择与上市公司合谋舞弊的违规收益 u_b 逐渐增加，S_2 面积逐渐增加，系数逐渐收敛于 d 点的概率不断增加，会计师事务所选择合谋的概率逐渐增加，最终的稳定策略为 {舞弊，合谋}，反之亦然。

5）会计师事务所因合谋舞弊行为所遭受的监管部门处罚 v_b

由 S_1 和 S_2 对 v_b 求一阶导数可得：

$$\frac{\partial S_1}{\partial v_b} = \frac{1}{2}\left[\frac{n}{(u_b - v_b - w_b + n + m)^2}\right], \frac{\partial S_2}{\partial v_b}$$

$$= -\frac{1}{2}\left[\frac{n}{(u_b - v_b - w_b + n + m)^2}\right], 且 \frac{\partial S_1}{\partial v_b} > 0, \frac{\partial S_2}{\partial v_b} < 0$$

可知 S_1 为单调增函数，S_2 为单调减函数。即随着会计师事务所因合谋舞弊行为所遭受的监管部门处罚 v_b 逐渐增加，S_1 面积逐渐增大，系数收敛于 a 点的概率不断增加，会计师事务所选择不合谋的概率逐渐增加，最终的稳定策略为 {不舞弊，不合谋}，反之亦然。与此同时，随着会计师事务所因合谋舞弊行为所遭受的监管部门处罚 v_b 逐渐减少，S_2 面积逐渐增大，系数逐渐收敛于 d 点的概率不断增加，会计师事务所选择合谋的概率逐渐增加，最终的稳定策略为 {舞弊，合谋}，反之亦然。

6）会计师事务所因合谋舞弊被查处，声誉受损带来的损失 w_b

由 S_1 和 S_2 对 w_b 求一阶导数可得：

$$\frac{\partial S_1}{\partial w_b} = \frac{1}{2}\left[\frac{n}{(u_b - v_b - w_b + n + m)^2}\right], \frac{\partial S_2}{\partial w_b}$$

$$= -\frac{1}{2}\left[\frac{n}{(u_b - v_b - w_b + n + m)^2}\right], 且 \frac{\partial S_1}{\partial w_b} > 0, \frac{\partial S_2}{\partial w_b} < 0$$

可知 S_1 为单调增函数，S_2 为单调减函数。即随着会计师事务所因合谋舞弊被查处，声誉受损带来的损失 w_b 逐渐增加，S_1 面积逐渐增大，系数收敛于 a 点的概率不断增加，会计师事务所选择不合谋的概率逐渐增加，最终的稳定策略为 {不舞弊，不合谋}，反之亦然。与此同时，随着会计师事务所因合谋舞弊被查处，声誉受损带来的损失 w_b 逐渐减少，S_2 面积逐渐增大，系数逐渐收敛于 d 点的概率不断增加，会计师事务所选择合谋的概率逐渐增加，最终的稳定策略为 {舞弊，合谋}，反之亦然。

7）会计师事务所保持独立性，拒绝与上市公司合谋所面临的损失 m

由 S_1 和 S_2 对 m 求一阶导数可得：

$$\frac{\partial S_1}{\partial m} = -\frac{1}{2}\left[\frac{n}{(u_b - v_b - w_b + n + m)^2}\right], \frac{\partial S_2}{\partial m}$$

$$= \frac{1}{2}\left[\frac{n}{(u_b - v_b - w_b + n + m)^2}\right], 且 \frac{\partial S_1}{\partial m} < 0, \frac{\partial S_2}{\partial m} > 0$$

可知 S_1 为单调减函数，S_2 为单调增函数。即随着会计师事务所保持独立性，拒绝与上市公司合谋所面临的损失 m 逐渐减小，S_1 面积逐渐增加，系数收敛于 a 点的概率不断增加，会计师事务所选择不合谋的概率逐渐增加，最终的稳定策略为 {不舞弊，不合谋}，反之亦然。与此同时，随着会计师事务所保持独立性，拒绝与上市公司合谋所面临的损失 m 逐渐增加，S_2 面积逐渐增加，系数逐渐收敛于 d 点的概率不断增加，会计师事务所选择合谋的概率逐渐增加，最终的稳定策略为 {舞弊，合谋}，反之亦然。

4. 数值仿真分析

在上文分析的基础上，书中将使用 MATLAB 数值仿真软件对影响上市公司与会计师事务所演化博弈系统的主要因素展开灵敏度测试与分析，为了简化分析步骤，按照影响因素的类别，选取 u_a、v_a、e、u_b、v_b 这五个指标分别进行讨论：

1）上市公司实施财务舞弊获取的违规收益 u_a

为便于分析，在满足参数定义及假设条件的前提下，对各参数的初始赋值为：$u_a = 0.1, v_a = 0.2, w_a = 0.3, e = 0.5, u_b = 0.1, v_b = 0.2, w_b = 0.3, m = 0.15, n = 0.4$。假定其他变量保持初始值不变，将 u_a 分别赋值 $u_a = 0.5$ 及 $u_a = 0.02$，进行上市公司实施财务舞弊获取的违规收益 u_a 的灵敏度分析。最后，设局中人上市公司及会计师事务所初始选择舞弊及合谋的概率分别为 $x_0 = 0.5, y_0 = 0.5$。

在上述条件下，对模型进行 20 期的仿真，得到如下结论。

从图 2.6 中可以看出，随着上市公司实施财务舞弊获取的违规收益 u_a 从 0.1 上升到 0.5，上市公司选择进行财务舞弊策略的概率出现了小幅上移，即违规收益的上升加剧了上市公司财务舞弊的动机；随着上市公司实施财务舞弊获取的违规收益 u_a 从 0.1 下降到 0.02，上市公司选择进行财务舞弊策略的概率降低，演化曲线趋于平缓，同时加速演化至 {不舞弊,不合谋} 这一均衡策略。由此可知，

违规收益 u_a 的下降更有利于审计市场的良性运行。

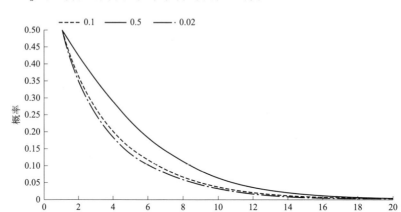

图 2.6　上市公司实施财务舞弊获取的违规收益 u_a 的灵敏度分析

2）上市公司因舞弊行为被查处，所遭受的监管部门处罚 v_a

为便于分析，在满足参数定义及假设条件的前提下，对各参数的初始赋值为：$u_a=0.1, v_a=0.2, w_a=0.3, e=0.5, u_b=0.1, v_b=0.2, w_b=0.3, m=0.15, n=0.4$。假定其他变量保持初始值不变，将 v_a 分别赋值 $u_a=1$ 及 $u_a=0.04$，进行上市公司因舞弊遭受监管部门处罚 v_a 的灵敏度分析。最后，设局中人上市公司及会计师事务所初始选择舞弊及合谋的概率分别为 $x_0=0.5, y_0=0.5$。

在上述条件下，对模型进行 20 期的仿真，得到如下结论。

从图 2.7 中可以看出，随着上市公司因舞弊遭受监管部门处罚 v_a 从 0.2 上升到 1，上市公司选择进行财务舞弊策略的概率出现了大幅下降，财务舞弊的动机明显减弱，快速演化至｛不舞弊，不合谋｝这一均衡策略；随着上市公司因舞弊遭受监管部门处罚 v_a 从 0.2 下降到 0.04，上市公司选择进行财务舞弊策略的概率小幅增加。由此可知，上市公司因舞弊遭受监管部门处罚 v_a 的增加更有利于审计市场的良性运行。

3）会计师事务所公告上市公司舞弊行为，上市公司所遭受的损失 e

为便于分析，在满足参数定义及假设条件的前提下，对各参数的初始赋值为：$u_a=0.1, v_a=0.2, w_a=0.3, e=0.5, u_b=0.1, v_b=0.2, w_b=0.3, m=0.15, n=0.4$。假定其他变量保持初始值不变，将 e 分别赋值 $e=2.5$ 及 $e=0.1$，进

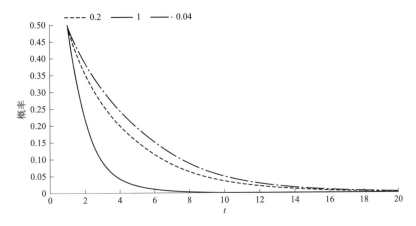

图 2.7 上市公司因舞弊遭受监管部门处罚 v_a 的灵敏度分析

行上市公司因会计师事务所告发所遭受的损失 e 的灵敏度分析。最后,设局中人上市公司及会计师事务所初始选择舞弊及合谋的概率分别为 $x_0 = 0.5, y_0 = 0.5$。

在上述条件下,对模型进行 20 期的仿真,得到如下结论。

从图 2.8 中可以看出,随着上市公司因会计师事务所告发所遭受的损失 e 从 0.5 上升到 2.5,上市公司选择进行财务舞弊策略的概率出现了大幅下移,财务舞弊的动机明显减弱,快速演化至 {不舞弊,不合谋} 这一均衡策略;随着上市公司因会计师事务所告发所遭受的损失 e 从 0.5 下降到 0.1,上市公司选择进行财务舞弊策略的概率大幅增加。由此可知,上市公司因会计师事务所告发所遭受的损失 e 的增加更有利于审计市场的良性运行。

4)会计师事务所选择与上市公司合谋舞弊的违规收益 u_b

为便于分析,在满足参数定义及假设条件的前提下,对各参数的初始赋值为:$u_a = 0.1$,$v_a = 0.2$,$w_a = 0.3$,$e = 0.5$,$u_b = 0.1$,$v_b = 0.2$,$w_b = 0.3$,$m = 0.15$,$n = 0.4$。假定其他变量保持初始值不变,将 u_b 分别赋值 $u_b = 0.5$ 及 $u_b = 0.02$,进行会计师事务所与上市公司合谋的违规收益 u_b 的灵敏度分析。最后,设局中人上市公司及会计师事务所初始选择舞弊及合谋的概率分别为 $x_0 = 0.5$,$y_0 = 0.5$。

在上述条件下,对模型进行 20 期的仿真,得到如下结论。

从图 2.9 中可以看出,随着会计师事务所与上市公司合谋的违规收益 u_b 从 0.1 上升到 0.5,会计师事务所选择进行合谋(违规)的概率出现了小幅上移,

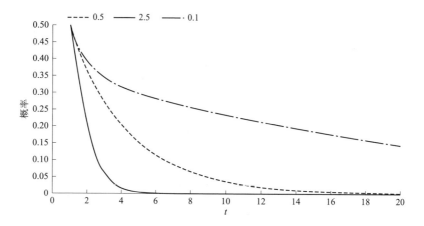

图 2.8　上市公司因会计师事务所告发所遭受的损失 e 的灵敏度分析

即违规收益的上升加剧了会计师事务所违规操作的动机；随着会计师事务所与上市公司合谋的违规收益 u_b 从 0.1 下降到 0.02，会计师事务所选择进行合谋（违规）的概率降低，演化曲线趋于平缓，同时加速演化至 {不舞弊，不合谋} 这一均衡策略。由此可知，违规收益 u_b 的下降更有利于审计市场的良性运行。

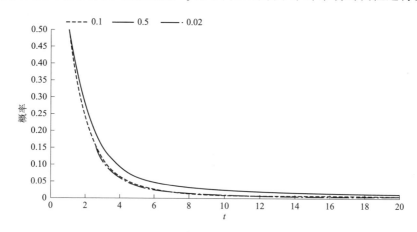

图 2.9　会计师事务所与上市公司合谋的违规收益 u_b 的灵敏度分析

5）会计师事务所因合谋舞弊行为所遭受的监管部门处罚 v_b

为便于分析，在满足参数定义及假设条件的前提下，对各参数的初始赋值为：$u_a=0.1, v_a=0.2, w_a=0.3, e=0.5, u_b=0.1, v_b=0.2, w_b=0.3, m=0.15, n=0.4$。假定其他变量保持初值不变，将 v_b 分别赋值 $v_b=1$ 及 $v_b=0.04$，进

行会计师事务所因合谋遭受监管部门处罚 v_b 的灵敏度分析。最后，设局中人上市公司及会计师事务所初始选择舞弊及合谋的概率分别为 $x_0 = 0.5, y_0 = 0.5$。

在上述条件下，对模型进行 20 期的仿真，得到如下结论。

从图 2.10 中可以看出，随着会计师事务所因合谋遭受监管部门处罚 v_b 从 0.2 上升到 1，会计师事务所选择进行合谋（违规）的概率出现了大幅下移，违规操作的动机明显减弱，快速演化至 {不舞弊,不合谋} 这一均衡策略；随着会计师事务所因合谋遭受监管部门处罚 v_b 从 0.2 下降到 0.04，会计师事务所选择进行合谋（违规）的概率增加，演化曲线明显上移。由此可知，会计师事务所因合谋遭受监管部门处罚 v_b 的增加更有利于审计市场的良性运行。

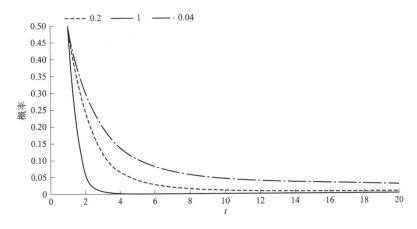

图 2.10 会计师事务所因合谋遭受监管部门处罚 v_b 的灵敏度分析

2.4 上市公司与会计师事务所双向选聘理论框架

前文通过梳理上市公司与会计师事务所双向选聘流程，将其定义为两个阶段：选聘关系形成期及审计工作执行期，根据各阶段业务内容的不同，分别构建动态博弈模型和演化博弈模型，对双向选聘的均衡策略及不同行动策略下的市场演化结果进行刻画分析，揭示了审计市场的运行规律。理论框架在机理分析的基础上，紧扣上市公司与会计师事务所双向选聘的两阶段，覆盖审计业务的全链条，由双向选聘行为的影响因素、不同行动策略的市场演化结果及会计师事务所对签字注册会计师派出决策三个模块构成,并且借由实证检验及决策方法研究实现,具体内容分别对应本书的第3、4、5、6章。

2.4.1 双向选聘行为的影响因素

动态博弈从市场本质规律的角度解释了上市公司与会计师事务所双向选聘的均衡策略,为双向选聘行为的影响因素研究提供了深层理论分析。本书中第3章及第4章将理论分析拓展到数据实证分析层面,首先,分析上市公司与会计师事务所双向选聘行为的影响因素构成,通过文献梳理,将研究内容聚焦于审计市场外围环境;其次,通过理论分析,建立审计市场供需结构对会计师事务所选聘影响的基本假设,分两个维度研究:①本地会计师事务所 VS 异地会计师事务所;②本地 Big4 会计师事务所 VS Non-Big4 会计师事务所;最后,将研究视角往审计链条的后端推进,进一步实证检验审计市场供需不平衡对会计师事务所审计行为的影响,具体包括对审计费用和审计质量的影响。研究思路如图 2.11 所示。

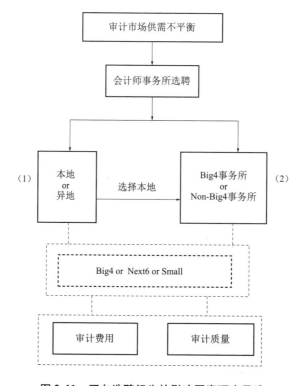

图 2.11 双向选聘行为的影响因素研究思路

2.4.2 不同聘用关系的审计影响

演化博弈分析了不同行动策略下的市场演化结果，上市公司与会计师事务所为了谋求自身利益最大化，在审计过程中会选择不同的行动策略，产生不同的审计影响，例如，在｛舞弊，合谋｝策略下，上市公司及会计师事务所获取违规收益，审计质量受损。书中通过引入上市公司与会计师事务所匹配度的概念，对上市公司与会计师事务所聘用关系进行刻画，据此研究其对选聘结果的影响。首先，对上市公司与会计师事务所匹配度概念进行界定，给出具体测算模型及测算过程；其次，构建面板数据计量模型分析匹配度的选聘影响，包括对审计费用及审计质量的影响。上市公司与会计师事务所匹配度的选聘影响研究思路如图 2.12 所示。

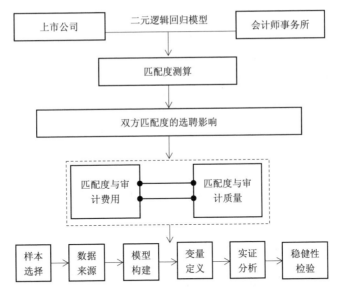

图 2.12　上市公司会计师事务所匹配度的选聘影响研究思路

2.4.3　会计师事务所对签字注册会计师派出决策

上市公司与会计师事务所通过签订服务合同，正式确立委托代理关系，进入第二阶段——审计工作执行期。此时，会计师事务所需要对上市公司进行全面的风险评估，形成风险评估工作底稿，并据此确定签字注册会计师的派出决策，安排审计团队开展审计工作。书中通过建立基于直觉三角模糊数 TOPSIS 的上市公司经营风险测度模型,对上市公司经营风险进行量化评估,同时与签字注册会计师胜任能力相关联,构建签字注册会计师派出决策模型,确定上市公司对签字注册会计师的派出决策。首先,对风险相关概念进行界定;其次,分析提出上市公司经营风险测度指标体系;再次,针对上市公司经营风险及指标特点,建立基于直觉三角模糊数 TOPSIS 的上市公司经营风险测度模型,据此构建基于风险测度的签字注册会计师派出决策模型;最后,通过实证分析验证方法的有效性。基于风险测度的签字注册会计师派出决策模型研究思路如图 2.13 所示。

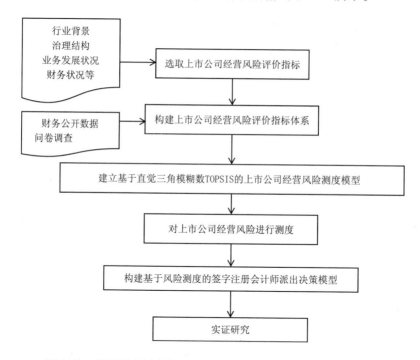

图 2.13　基于风险测度的签字注册会计师派出决策模型研究思路

2.5　本章小结

为了深入剖析上市公司与会计师事务所聘用关系的形成过程及作用机理,本章构建了两阶段博弈模型,分别运用动态博弈和演化博弈对上市公司与会计师事务所不同阶段选聘的内在机理展开分析。首先，对博弈的基本理论及相关概念进行了阐述，给出上市公司与会计师事务所选聘机理研究思路。其次，通过构建动态博弈模型，对上市公司与会计师事务所选聘关系形成期互动机制进行分析，包括基本假设、模型构建及博弈均衡分析。再次，通过构建演化博弈模型对上市公司与会计师事务所审计工作执行期的互动策略进行刻画，分析博弈双方演化路径及稳定策略，对相关影响因素进行数值仿真敏感性分析。最后，分析提出全书的理论框架。

第3章

审计市场供需结构对会计师事务所选聘影响研究

上市公司与会计师事务所聘用关系建立除了受上市公司、会计师事务所特质性因素影响外,也会受到审计市场结构及竞争状况的影响,但相关研究较少,结论也未统一,且现有研究多以描述性统计居多,鲜有文章对会计师事务所选聘的内在市场机理展开讨论。本章节着眼于审计业务流程的前端,引入新的反映审计市场供需状况的变量,通过构建多元回归模型,实证检验我国省级层面审计市场供需不平衡对会计师事务所选聘的影响。

3.1 会计师事务所选聘影响因素构成及研究概述

3.1.1 会计师事务所选聘影响因素构成

18世纪早期,股份公司的概念在英格兰出现,包括持续存在、股东的有限责任和股票的可转让性,直接导致了股票交易市场的发展。显然,投资者需要有关企业的信息以决定是否对相关的股票进行交易。这就促使传统的财务会计发生了一系列持续变化,从一个有助于商人控制其经营的系统发展为一个向不参与日常经营的投资者提供信息的系统。企业提供可信的财务信息符合企业及外部投资者的共同利益,这也加速了外部审计(会计师事务所)和政府管制的发展。在1844年的公司法中,首次在法律中要求向投资者提供经由审计的资产负债表。

尽管如此，财务会计仍然处于一种相对缺乏管制的状态，财务报告和审计在大多数情况下还是一种自愿行为，直到1929年的股灾及其所导致的大萧条后才产生了一些重要的变化。最值得关注的是1934年的证券法创设了证券交易委员会（SEC），旨在通过以披露为基础的管制结构来保护投资者的利益，作为该法案要求的一部分，SEC有责任确保投资者获得足够的信息。自此，审计及注册会计师行业得到长足发展，越来越多的从事职业审计服务的会计师事务所如雨后春笋一般蓬勃发展。

其中，最负盛名的当属Big4会计师事务所，由于其声誉和品牌效应，Big4会计师事务所已经在西方乃至全球成为高质量审计服务的代名词，在收费及市场占有率等方面具备绝对的竞争优势。近年来，我国财政部、中国注册会计师协会（下文简称中注协）相继出台了一系列政策文件，大力提倡会计师事务所扩大规模，进一步做强做大。根据《2016年会计师事务所综合评价前百家信息》[126]，全行业业务收入超过1亿元的会计师事务所达到49家，其中瑞华和立信两家本土会计师事务所跻身百家榜前5名。Big4会计师事务所在我国的市场份额呈现逐年下降的态势，而本土大所的市场份额则逐年上升，排名前10位的会计师事务所中，除Big4会计师事务所外其他6家会计师事务所在业界的口碑及声望也在不断提升，形成了一批兼具口碑和实力的知名本土大所。

目前，有关会计师事务所选聘影响的国内外文献较多，归纳起来，可以包括外围环境（审计市场结构）及内在参与主体（上市公司、会计师事务所）两大部分。其中，从上市公司、会计师事务所特质性因素出发对会计师事务所影响的研究较为成熟，相关影响因素具体可细分为上市公司规模、上市公司业绩、上市公司治理状况、上市公司风险水平、上市公司管理层结构、其他上市公司特质性因素及会计师事务所品牌声誉等方面。从外围环境即审计市场结构角度出发研究会计师事务所选聘的影响因素多以描述性统计居多，鲜有文章对其内在的选聘机理展开讨论。书中对已有会计师事务所选聘影响因素构成研究成果进行了梳理和归纳，如表3.1所示。

表 3.1 会计师事务所选聘影响因素构成

影响因素	细分影响因素	代表性研究
外围环境（审计市场结构）	多以描述性统计居多	余玉苗（2001）[31]；耿建新等（2001）[32]；张立民等（2004）[33]；吕兆德等（2007）[34]；Choi 等（2008）[28]；李训等（2013）[35]
内在参与主体（上市公司、会计师事务所特质性因素）	上市公司规模、业绩	Simunic 等（1994）[127]；许艳（2010）[128]
	上市公司治理状况	Fan 和 Wang（2005）[39]
	上市公司风险水平	Lawrence 等（2011）[40]；Simunic 等（1982）[129]
	上市公司管理层结构	Lennox（2005）[41]；王鹏和周黎安（2006）[43]；娄权（2006）[44]；罗明琦和赵环（2014）[47]
	其他上市公司特质性因素	张敏等（2012）[46]
	会计师事务所品牌声誉	Fan 和 Wang（2005）[39]；孙铮和于旭辉（2007）[45]

3.1.2 审计市场供需结构对会计师事务所选聘影响研究概述

上文从外围环境（审计市场结构）及内在参与主体（上市公司、会计师事务所）两个维度，分析了会计师事务所选聘的影响因素。目前，上市公司、会计师事务所特质性因素对于会计师事务所选聘影响的研究较为成熟，本章节将立足于审计业务流程的前端，从鲜有研究的审计市场外围环境出发，探讨审计市场供需结构对会计师事务所选聘的影响方向及程度。

已有关于审计市场结构的研究主要从供给视角展开，发现审计市场集中度对审计质量及审计费用有正的或负的影响，结论互相冲突[3]。例如，高市场集中度意味着少数会计师事务所占据统治地位，导致市场缺乏竞争，这极易滋生进入壁垒，从而损害审计质量[130][131]；同样方法，发现市场集中度提升了审计质量，并认为是由于客户缺少选择，降低了游说审计意见的可能性[132]。此外，有学者试图证实较高市场集中度将会导致审计费用的上升，但并未获得太多证据支撑，在某些情况下市场集中度甚至会降低审计费用[133][134]。造成结论相互冲突的原因在于，这些研究大都采用 CR_n 及 Herf 指数度量市场集中度，其中 CR_n 是指市场中前 n 大会计师事务所审计费用占整个市场审计费用的比重；Herf 指数则是通过计算市场中各会计师事务所审计费用占整个市场审计费用的比例的平方之和获取[113][133]。这些指标能较好地刻画审计市场的竞争程度，但审计市场集中度受到客户规模及审计成本结构性转移的影响，并不能完全反映审计市场竞争状况及上市公司与会计师事务所间的需求关系[135][136]。

为了克服市场集中度指标可能带来的问题，近来，有学者开始将客户需求纳入审计市场结构的研究范畴，引入综合反映审计市场供需状况的变量，研究其对审计质量的影响，并得出较为稳健的结论。例如，Ettredge 等（2017）通过供需指标同时纳入研究模型，发现美国审计市场上，客户审计质量受到审计供需关系的影响[9]。但是，尚未发现采用这一方法对中国这样新兴经济体的研究成果，这一方法能否适用以及能否较好解释中国审计市场不得而知。因而，从供给、需求双维视角，观察中国审计市场的变化很有必要。原因在于，一方面，西方资本主义国家历经多年的发展，已经形成以 Big4 会计师事务所为主导的成熟审计市场体系。相较而言，我国审计市场还处于会计师事务所众多、竞争激烈、市场集中度不高的阶段[99]，Big4 会计师事务所在 2003—2010 年签约客户平均市场占有率仅为 7.03%，客户资产平均规模为 38.26%，远低于其在美国的市场占有率 90.44%[88][137]，且现阶段我国审计相关法律制度尚不完善，会计师事务所整体面临的诉讼风险较低[138][139]，审计市场结构及制度层面的巨大差异，使得与此相关的研究结论是否在新兴市场国家具有普适性仍待验证。另一方面，作为审计市场研究的分支，上市公司与会计师事务所之间聘用关系的建立除了受上市公司、会计师事务所特质性因素影响外，也会受到审计市场结构及竞争状况的影响，但相关研究较少，结论也未统一，且现有研究多以描述性统计居多，鲜有文章对会计师事务所选聘的内在市场机理展开讨论[8][34][35]。

目前我国会计师事务所总部基本都设立在北京、上海、广州、深圳等一线城市，总部一般考虑将分所设立在各省的省会城市，以覆盖所在省份的审计需求，主要原因在于省会城市经济交易活跃、资源丰富，各省的上市公司一般也都位于省会城市，以方便开展审计工作。以 2016 年为例，北京、上海、广州、深圳及其他省会城市（含直辖市）上市公司数量占总数的比例达到近 60%；审计会计师事务所（含分所）数量占总数的比例达到近 80%。地方分所在业务承揽过程中相对独立，为统一管理，各省分所基本不参与其他省份业务竞争。可见，会计师事务所在考虑全国的审计业务布局时，一般视省份（直辖市）为基础单位。

本章节研究的主线为"审计市场供需结构对会计师事务所选聘的影响"，其中，将会计师事务所选聘分为两个维度研究：①本地会计师事务所 VS 异地会计师事务所；②进一步地，本地 Big4 会计师事务所 VS Non-Big4 会计师事务所。之所以将 Big4 会计师事务所的选聘单独作为第二个假设，我们期望从其特殊性及可研究性视角分析。首先，我国审计市场结构与西方发达国家的主要区别之一是体现在 Big4 会计师事务所的市场集中度上，Big4 会计师事务所在我国的客户平均市场占有率远低于其在美国的占有率。尽管如此，Big4 会计师事务所在我国审计市场中依然举足轻重，作为世界会计师事务所行业的巨头，其本身就具备很强的特殊性和研究价值；其次，国内外已有大量的文章研究客户选聘 Big4 会计师事务所的影响因素[39][45]，但大都从客户自身特质出发，书中希望能够从审计市场结构这一全新视角，充实 Big4 会计师事务所选聘相关研究。

此外，近年来，财政部、中注协相继出台了一系列政策文件，大力提倡会计师事务所扩大规模，进一步做强做大，本土会计师事务所也如雨后春笋般蓬勃发展，形成了一大批兼具规模和实力的大中型会计师事务所。为了使研究进一步细化，也为了便于观察我国本土会计师事务所发展状况，书中将 Non-Big4 会计师事务所细分为 Next6 及 Small 会计师事务所，希望利用已有数据观察不同会计师事务所分类对于研究结果是否会产生一定影响，以期丰富充实研究结论。

3.2 审计市场供需结构对会计师事务所选聘影响基本假设

经典供求理论认为，市场中供应商之间竞争越激烈，消费者将拥有越多的选择空间，同时也将支付越低的价格。如果将审计服务视同实体商品，该理论同样适用。然而，审计服务又具有其特殊性，"可替代性"较差同时"供给黏性"较高，审计服务的供给需要大量的前期投入，并转化成丰富的工作经验和成熟的职业判断；另一方面，在某一特定年份中，受人员配备及合约安排约束，会计师事务所的"产能"相对稳定[9]。从长期趋势看，会计师事务所可通过内部提拔或者外部招募弥补"可替代性"差或"供给黏性"高等不足，然而这一过程受制于会计师事务所自身业务能力及品牌美誉度，可能持续数年才能显现成效。此外，市场中某一家会计师事务所的进入或者退出，抑或是客户对审计质量需求的改变都会带来审计市场供求关系的改变。因此，市场信息反应时滞、会计师事务所"供给黏性"、客户需求变化等共同决定了审计市场将经常地处于供需不平衡状态，而这种不平衡是否影响客户对会计师事务所的选聘，是本章所要研究的内容。

3.2.1 对本地会计师事务所 VS 异地会计师事务所的选聘

如果上市公司总部与会计师事务所隶属同一都市区，则为同地审计（Local Auditors）；相反，如果上市公司总部与会计师事务所不在同一都市区内，则称为异地审计（Non-local Auditors）[27]。吕兆德等（2007）发现，上市公司倾向于聘请当地会计师事务所，并且上市公司对会计师事务所的地域选聘主要由所属地上市公司数量决定，而与公司自身特征无关[6]。李训等（2013）认为我国审计市场具有明显的地域特征，并且在2009年上市公司同地审计比例接近80%，但是对于上市公司选聘当地会计师事务所的原因并未做过多解析[7]。Choi等（2012）发现客户选聘当地抑或偏远地区审计师，主要视自身规模、经营复杂程度、财务杠杆、财务状况、持续经营状态、外部筹资需求及诸多其他因素而定[8]。可见，国内外关于客户选聘当地或异地会计师事务所的研究较少，且结论不一致。

地理毗邻能有效降低经济主体间的信息不对称，加速信息在各经济体间的流通从而强化监督，地理毗邻影响着经济主体间关系[140][141][142]。选聘本地审计师不仅意味着信息沟通会更加顺畅，也意味着交通费用等大幅下降，审计费用下降的空间增大，同等条件下，客户将会倾向于选择本地会计师事务所[6][8]。但客户能否选聘到本地会计师事务所受到会计师事务所供给水平的制约，而评价会计师事务所供给的充足性不能简单地基于本地会计师事务所的数量，还应该与客户对于会计师事务所的需求数量联系起来。在拥有大量本地会计师事务所的地区很可能也拥有大量需要更多审计及其他服务的客户群,即便拥有众多会计师事务所,可能仍然不足以满足更大的审计服务需求。因此,同时考虑会计师事务所供给、客户需求来测算区域内的会计师事务所相对供给水平更加合理。当本区域内会计师事务所供给大于需求,即出现正的会计师事务所供给时,会计师事务所之间竞争加剧,为了争取客户,会计师事务所可能选择降低收费或者提供更加优质的服务,同时,考虑到地理毗邻所带来的信息优势、成本优势,客户将更有可能选聘本地会计师事务所,由此:

H1:当存在审计市场供需不平衡时,客户选聘本地会计师事务所的概率随着该区域①内会计师事务所供给水平的提高而增加。

3.2.2 对本地 Big4 会计师事务所 VS Non-Big4 会计师事务所的选聘

Big4 会计师事务所被认为是会计师事务所品牌、规模及市场占有率的替代变量[38]。Fan 和 Wang(2005)以东亚 8 个经济体上市公司为样本,发现公司规模、业绩与选聘 Big5 审计师的概率呈显著正相关[39]。Lawrence 等(2011)以美国上市公司为样本,除公司规模、业绩外,财务杠杆也是影响客户选聘 Big4 或 Non-Big4 审计师的重要因素[40]。Lennox(2005)分析英国 540 家非上市公司财务数据,发现管理层持股与审计会计师事务所规模呈现高度的非线性,在管理层持股比例较高或者较低的区间内,管理层持股比例与选聘 Big5 审计师的概率呈现负相关[41]。此外,Cassell 等(2012)发现公司治理水平也是客户在选聘 Big4 或 Non-Big4 审计师时着重考虑的因素[42]。王鹏和周黎安(2006)从最终控制人出发,发现控股股东的股权供求产生的代理成本越严重,上市公司越有可能选聘 Big4 会计师事务所[43]。孙铮和于旭辉(2007)基于管理分权的角度,得出代理层级越多的国有上市公司越倾向于选聘 Big4 会计师事务所[45]。可见,关于客户是否选聘 Big4 会计师事务所的研究大多以客户为主体,研究客户特质因素对会计师事务所选聘的影响,尚未有学者就审计市场供求对 Big4 会计师事务所选聘

---

① 文中"区域"指我国 31 个省级行政区划单位。

的作用机理展开讨论。

李连军和薛云奎（2007）发现，当交易双方处在高度的信息不对称时，声誉作为一种信号传递机制便开始发挥着不可替代的作用[129]。在审计市场中，品牌声誉更是评判会计师事务所审计质量的重要工具。Big4 与 Non-Big4 会计师事务所的审计质量存在显著差异，聘请 Big4 会计师事务所审计公司的盈余信息质量更高。Big4 与 Non-Big4 会计师事务所审计质量的市场认同度也存在差异，Big4 会计师事务所的市场认同度更高[143][144][145]。Big4 会计师事务所通过国际品牌声誉为其带来明显的审计费用溢价，审计费用显著高于国内其他审计会计师事务所。面对 Big4 高额的审计费用，有的企业选择收费更低的国内其他会计师事务所[146]。由于存在着供求双方信息不对称状况，分离均衡中的定价策略只能通过非合作博弈完成，而 Big4 与 Non-Big4 会计师事务所在规模、性质及定价策略上的异质性决定了我国审计市场处于分离均衡中，为了获取最大化利润，会计师事务所之间将在价格、服务等方面展开竞争，通过争取客户提高收入。因此，随着区域内 Big4 会计师事务所供给水平的提高，对审计质量需求较高的客户将会优先聘请 Big4 审计师，然而，随着 Non-Big4 会计师事务所供给数量的不断增加，随之而来的显著的价格优势将会导致 Big4 会计师事务所中需求价格弹性较大的那部分客户的流失，打破原有的分离均衡，此时：

H2：当存在审计市场供需不平衡时，客户选聘本地 Big4 会计师事务所的概率随着该区域内 Big4 会计师事务所供给水平的提高而增加，随着该区域内 Non-Big4 会计师事务所供给水平的提高而减少。

3.3 研究设计及模型构建

3.3.1 样本选择和数据来源

自 2007 年起我国新会计准则颁布实施，为了保持数据的一致性，本研究以 2007 年 1 月 1 日作为数据搜集的初始点，选取 2007—2016 年沪深两市 A 股上市公司作为样本，考虑到市场信息反应时滞，采用滞后一期的研究设计，即所有的自变量及控制变量数据取自 2007—2015 年，因变量数据取自滞后一期的 2008—2016 年。①剔除金融、保险行业上市公司；②剔除 ST 上市公司；③剔除变量数据缺失且无法补充的公司。最终确定来自 2 156 家上市公司的年度样本共 10 167 个。会计师事务所[①]总部及其分支机构所在地、成立时间信息通过中国注册会计师协会网站及各会计师事务所官方网站手工搜集[147]，并对各年份中会计师事务所合并数据进行了回溯和手工处理；分省人口、收入及失业率数据来源于国家统计局官方网站[148]；公司纳入合并报表范围子公司数目来源于各上市公司发布的定期报告；其他数据来源于 CSMAR 数据库和 WIND 数据库；为使研究更加贴近审计实务，挑选中注协百家会计师事务所评选中排名前 20 位的部分会计师事务所进行了现场调研和访谈。所有连续变量均进行了 1% 尾缩处理。

3.3.2　模型构建与变量定义

1. 审计市场供需不平衡的度量

考虑到分省会计师事务所数量是包含部分 0 值的计数变量，采取 ZIP（零膨胀泊松回归）模型进行测算，变量定义如表 3.2 所示，回归结果如表 3.3 所示。

$$会计师事务所数量 = \alpha_0 + \alpha_1 \text{SOENUM} + \alpha_2 \text{CBSIZE} + \alpha_3 \text{POENUM} + \alpha_4 \text{POPU} + \alpha_5 \text{INCOME} + \alpha_6 \text{UNEMP} + \varepsilon \quad (3.1)$$

在式（3.1）中，研究对象（区域）为全国 31 个省级行政区划单位，为便于在后续假设检验中观察不同会计师事务所类型对于研究结论的影响，按照会计师事务所分类结合区域内会计师事务所数量、规模及相关控制变量逐一回归。其中，因变量依次为 Big4 会计师事务所数量（BIG4NUM）、国内除 Big4 以外其他排名前 10 的会计师事务所数量（NEXT6[②]NUM）、国内其他中小型会计师事务所数量（SMALLNUM）、国内 Non-Big4 会计师事务所数量（NONBIG4NUM）及会计师事务所数量合计（TOTNUM）。使用公式（3.1）得到的回归系数及各省实际变量值拟合出该省期望的或者"合适"的会计师事务所数量，而实际值与期望

---

① 研究对象为所有上市公司，会计师事务所特指具有证券从业资格的会计师事务所。
② 文中会计师事务所的分类主要参照中注协每年公布的会计师事务所百家信息，"Next6"指百家信息中排名前 10 的会计师事务所剔除 Big4 以外，剩下的 6 家会计师事务所。

值的差额即为该省会计师事务所供需不平衡的程度：

期望的会计师事务所数量 = $\hat{\alpha}_0 + \hat{\alpha}_1 \text{SOENUM} + \hat{\alpha}_2 \text{CBSIZE} + \hat{\alpha}_3 \text{POENUM} +$
$\hat{\alpha}_4 \text{POPU} + \hat{\alpha}_5 \text{INCOME} + \hat{\alpha}_6 \text{UNEMP}$ (3.2)

会计师事务所供需不平衡程度 = 会计师事务所数量 – 期望的会计师事务所数量（3.3）。

表3.2所示为会计师事务所模型变量定义。

表3.2 会计师事务所供给模型变量定义

变量名	定义
ABBIG4	区域内Big4会计师事务所供需不平衡的程度，由式（3.3）估计得到
ABNEXT6	区域内Next6会计师事务所供需不平衡的程度，由式（3.3）估计得到
ABSMALL	区域内Small会计师事务所供需不平衡的程度，由式（3.3）估计得到
ABNONBIG4	区域内Non-Big4会计师事务所供需不平衡的程度，由式（3.3）估计得到
ABTOT	区域内总的会计师事务所供需不平衡的程度，由式（3.3）估计得到
BIG4NUM	区域内Big4会计师事务所数量，取值范围0~4①
NEXT6NUM	区域内Next6会计师事务所数量，取值范围0~6②
SMALLNUM	区域内除Big4和Next6以外的其他会计师事务所数量，取值范围0~4③
NONBIG4NUM	区域内Next6和Small会计师事务所数量之和，取值范围0~10
TOTNUM	区域内Big4、Next6和Small会计师事务所数量之和，取值范围0~14
SOENUM	（1 + 区域内国有上市公司数量）的自然对数
CBSIZE	区域内上市公司的平均资产规模等分
POENUM	（1 + 区域内民营上市公司数量）的自然对数
POPU	区域内年末总人口的自然对数
INCOME	区域内城镇居民人均可支配收入的自然对数
UNEMP	区域内城镇登记失业率

---

① Big4会计师事务所共有4家，故取值范围为0~4。
② Next6会计师事务所共有6家，故取值范围为0~6。
③ Small会计师事务所在各省的分布数量参差不齐，借鉴Ettredge等（2017）[9]的研究，取值范围定为0~4。

表 3.3 所示为会计师事务所供给模型回归结果。

表 3.3 会计师事务所供给模型回归结果

Dep. Var.	(1) TOTNUM	(2) BIG4NUM	(3) NEXT6NUM	(4) SMALLNUM
回归类型	ZIP	ZIP	ZIP	ZIP
SOENUM	0.450*** (0.074)	-0.051 (0.202)	0.415*** (0.131)	0.517*** (0.120)
CBSIZE	-0.044 (0.054)	-0.155 (0.155)	-0.020 (0.098)	-0.008 (0.076)
POENUM	-0.077 (0.067)	0.716*** (0.264)	-0.071 (0.121)	-0.297*** (0.092)
POPU	0.229*** (0.059)	-0.606** (0.272)	0.286*** (0.109)	0.355*** (0.078)
INCOME	0.822*** (0.190)	-0.313 (0.650)	1.170*** (0.371)	0.578** (0.253)
UNEMP	0.116*** (0.045)	0.0703 (0.106)	0.126 (0.080)	0.082 (0.066)
INTERCEPT	-9.277*** (1.943)	7.060 (7.530)	-14.370*** (3.792)	-8.105*** (2.543)
Observations	279	279	279	279
Full Log Likelihood	-402.14	-183.50	-300.52	-302.64
Chi-square P-Value	0.0000	0.0000	0.0000	0.0000

2. 审计市场供需结构对会计师事务所选聘影响多元回归模型

假设 H1、H2 分别从客户选聘当地（相对于异地）会计师事务所、选聘 Big4（相对于 Non-Big4）会计师事务所两个方面实证检验了审计市场供需不平衡对于审计师选聘的影响。为验证这两个假设，书中设计了如下二元逻辑回归模型：

$$\text{LOCAL} = \beta_0 + \beta_1 \text{ABTOT} + \beta_2 \text{HERF} + \beta_3 \text{DISTANCE} + \\ \beta_4 \text{OWNERSHIP} + \beta_5 \text{LNSIZE} + \beta_6 \text{ATR} + \beta_7 \text{CR} + \beta_8 \text{LEV} + \beta_9 \text{ROA} + \\ \beta_{10} \text{LOSS} + \beta_{11} \text{GC} + \beta_{12} \text{FOREIGN} + \beta_{13} \text{MA} + \beta_{14} \text{ISSUE} + \beta_{15} \text{MERGE} + \\ \text{Industry and Year dummies} \tag{3.4}$$

第 3 章 审计市场供需结构对会计师事务所选聘影响研究

$$\begin{aligned} BIG4 = & \gamma_0 + \gamma_1 ABBIG4 + \gamma_2 ABNONBIG4 + \gamma_3 HERF + \gamma_4 DISTANCE + \\ & \gamma_5 OWNERSHIP + \gamma_6 LNSIZE + \gamma_7 ATR + \gamma_8 CR + \gamma_9 LEV + \gamma_{10} ROA + \\ & \gamma_{11} LOSS + \gamma_{12} GC + \gamma_{13} FOREIGN + \gamma_{14} MA + \gamma_{15} ISSUE + \gamma_{16} MERGE + \\ & \text{Industry and Year dummies} \end{aligned} \quad (3.5)$$

其中，因变量 LOCAL、BIG4 为哑变量，并在客户选聘当地会计师事务所、选聘 Big4 会计师事务所时取值为 1。自变量 ABTOT、ABBIG4 和 ABNONBIG4 分别代表反映省级层面会计师事务所供需不平衡的总的会计师事务所供给、Big4 会计师事务所供给以及 Non-Big4 会计师事务所供给水平。为进一步观察不同类型会计师事务所供需不平衡对会计师事务所选聘的影响，交替使用 ABBIG4、ABNEXT6 及 ABSMALL 作为自变量重新进行回归。当因变量为 LOCAL 时，根据假设 H1，预期 β_1 系数为正；当因变量为 BIG4 时，根据假设 H2，预期 γ_2 系数为负。

参照国内外学者相关研究经验[39][41][81][99][149]，上述模型中加入表 3.4 中的控制变量。

表 3.4 多元回归模型变量定义

类型	变量名	定义
因变量	LOCAL	聘请本区域内会计师事务所为 1，否则为 0
	BIG4	聘请 Big4 会计师事务所为 1，否则为 0
自变量	ABTOT	区域内总的会计师事务所供需不平衡的程度
	ABBIG4	区域内 Big4 会计师事务所供需不平衡的程度
	ABNONBIG4	区域内 Non-Big4 会计师事务所供需不平衡的程度
	ABNEXT6	区域内 Next6 会计师事务所供需不平衡的程度
	ABSMALL	区域内 Small 会计师事务所供需不平衡的程度
控制变量	HERF	审计市场集中度 = 区域内基于审计费用计算的每一家会计师事务所市场份额的平方之和①

---

① HERF 指数与文中所使用的衡量区域内审计市场供需不平衡程度指标的区别主要体现在：1. HERF指数的计算过程，注重供给端，主要反应审计市场集中度、竞争状况，无法反应某一地区会计师事务所供需结构关系（客户数量决定了对于会计师事务所的需求）；2. 无法差别体现不同会计师事务所类型在地区内的供需状况；3. HERF 指数虽然常被用于表征审计市场结构，却较少被用于分析会计师事务所—客户关系（会计师事务所选聘），原因可能在于其并不能很好地反映出会计师事务所—客户间供需结构；4. 书中将其作为控制变量，以便检查所引入的审计市场供需不平衡程度指标对解释会计师事务所选聘及审计费用是否具备更强的效用。然而，从模型中去掉 Herf 指数，回归结果与主检验结果基本一致。

续表

类型	变量名	定义
控制变量	DISTANCE	现任审计师与其最接近竞争者所占有市场份额的差距
	OWNERSHIP	国有控股为1，否则为0
	LNSIZE	上市公司总资产的自然对数
	ATR	总资产周转率＝销售收入与期初总资产之比
	CR	流动比率＝流动资产与流动负债之比
	LEV	杠杆比率＝总负债与总资产之比
	ROA	总资产收益率＝净利润与总资产之比
	LOSS	亏损为1，否则为0
	GC	审计师出具持续经营意见为1，否则为0
	FOREIGN	有海外销售业务为1，否则为0
	MA	存在兼并或重组为1，否则为0
	ISSUE	发行新股为1，否则为0
	MERGE	会计师事务所经历合并为1，否则为0

3. Hausman 检验

书中所选样本为包含 2007—2016 年沪深两市 A 股上市公司的非平衡面板数据，按照影响因素分类，常用的回归模型有：固定效应模型、随机效应模型和混合效应模型。为增加研究结论的稳健性，分别对模型（3.4）和模型（3.5）中面板数据进行 Hausman 检验以确定回归类型。结果显示，Hausman 检验值均为 Prob ＝ 0.000 0＜0.05，应该拒绝原假设，即选择固定效应模型。

3.4 实证研究

3.4.1 多元回归模型变量描述性统计

为全面反映我国省级层面审计市场的供需状况，对全国 31 个省级行政区划单位按其上市公司数量及会计师事务所数量（含分所）分类汇总，如表 3.5 所示。可见，分省上市公司数量与会计师事务所数量高度正相关，从地域分布看，以北上广深、长三角及珠三角等经济发达省份居多，其中北京、上海、江苏、浙江及广东5省市上市公司数及会计师事务所数分别占总数的52.8%和40.2%。上市公司与会计师事务所数量在地域间的重合性从一个侧面反映出为便于审计工作的开展、节约审计开支，会计师事务所倾向于将办公地设置在上市公司较为集中的省份，与李训等（2013）及DeFond等（1998）的研究结论[7][144]一致。

表 3.5　各省（市）上市公司及审计会计师事务所描述性统计

省（市）	上市公司户数			会计师事务所户数（含分所）			
	合计	国有上市公司	民营上市公司	合计	Big4	Next6	Small
北京	235	113	122	44	4	6	34
天津	34	20	14	15	3	3	9
河北	43	19	24	17	0	3	14
山西	34	20	14	10	0	4	6
内蒙古	21	8	13	2	0	2	0
辽宁	61	30	31	23	4	7	12
吉林	33	18	15	11	0	5	6
黑龙江	22	15	7	9	1	2	6
上海	205	109	96	24	4	6	14
江苏	233	59	174	58	7	8	43
浙江	241	43	198	23	5	7	11
安徽	74	39	35	16	0	3	13
福建	88	37	51	22	5	5	12
江西	31	18	13	6	0	2	4
山东	142	53	89	48	4	10	34
河南	66	31	35	15	0	3	12
湖北	74	37	37	19	2	6	11
湖南	66	34	32	15	0	5	10
广东	360	111	249	63	8	18	37
广西	27	15	12	6	0	1	5
海南	25	8	17	3	0	1	2

续表

省（市）	上市公司户数			会计师事务所户数（含分所）			
	合计	国有上市公司	民营上市公司	合计	Big4	Next6	Small
重庆	36	22	14	12	2	4	6
四川	89	36	53	20	2	5	13
贵州	19	12	7	4	0	1	3
云南	27	18	9	10	0	6	4
西藏	8	2	6	0	0	0	0
陕西	40	28	12	16	1	4	11
甘肃	21	12	9	5	0	2	3
青海	8	5	3	4	0	2	2
宁夏	11	5	6	2	0	1	1
新疆	37	23	14	5	0	2	3
总计	2 411	1 000	1 411	527	52	134	341

表3.6 中 Panel A 为 279 个年度省级样本的描述性统计结果，反映省级层面会计师事务所供需的 ABTOT 指标均值为 -0.007，最大值、最小值分别为 5.589 和 -5.473，波动范围较大，且未呈现出明显的年份、地域特征，说明审计市场的供需不平衡状态在我国省域内普遍存在。从会计师事务所类型看，省级层面 Big4 会计师事务所供给（ABBIG4）、Non-Big4 会计师事务所供给（ABNONBIG4）、Next6 会计师事务所供给（ABNEXT6）及 Small 会计师事务所供给的均值分别为 0.016、0.000、0.006 和 -0.003。Panel B 为各主要变量的描述性统计，以假设 H1 为例，反映审计市场竞争程度的市场集中度 HERF 指数及 DISTANCE 的均值分别为 0.178 和 0.113，说明我国审计市场中会计师事务所竞争较为激烈，会计师事务所间市场份额差距并不大。公司规模（LNSIZE）、总资产周转率（ATR）、流动比率（CR）、杠杆率（LEV）及总资产收益率（ROA）的均值分别为 21.681、0.796、2.241、0.419 和 0.058。

表3.7 将会计师事务所供需不平衡变量分为正的审计会计师事务所供给（供给过剩组）和负的审计会计师事务所供给（供给不足组），并对审计市场产出变量在这两组下的均值进行了 t 检验。其中，在 ABTOT 供给过剩与不足状态的分类

中，LOCAL 的均值在供给过剩组显著高于供给不足组。这为假设 H1 提供了证据支撑，即在拥有大量当地会计师事务所供给的地区，客户更倾向于选聘当地审计师。尽管在 ABNONBIG4 分类下，Big4 的均值在供给过剩组均显著小于供给不足组，但在 ABBig4 的分组中 Big4 的均值并没有显著差异。表 3.8 为重要变量的相关系数表，未经列示的 VIF 检验结果显示回归模型变量 VIF 值远小于 10，表明变量间不存在多重共线性问题，样本数据符合回归要求。

表 3.6　相关变量描述性统计

Panel A：省级会计师事务所供需不平衡描述性统计（$N=279$）					
变量	均值	中位数	标准差	最大值	最小值
ABTOT	−0.007	−0.024	2.139	5.589	−5.473
ABBIG4	0.016	−0.045	0.820	2.617	−1.781
ABNONBIG4	0.000	−0.080	1.486	4.401	−4.835
ABNEXT6	0.006	−0.084	1.285	3.781	−3.183
ABSMALL	−0.003	0.079	0.710	2.264	−2.934
Panel B：多元回归模型相关变量描述性统计					
变量	假设 H1（$N=10\,167$）			假设 H2（$N=8\,531$）		
	均值	中位数	标准差	均值	中位数	标准差
HERF	0.178	0.158	0.147	0.167	0.143	0.124
DISTANCE	0.113	0.041	0.196	0.121	0.031	0.169
OWNERSHIP	0.518	0.000	0.563	0.482	0.000	0.490
LNSIZE	21.681	21.369	1.351	21.317	21.416	1.135
ATR	0.796	0.681	0.547	0.769	0.677	0.587
CR	2.241	1.371	2.819	2.422	1.471	2.995
LEV	0.419	0.501	0.279	0.409	0.465	0.226
ROA	0.058	0.053	0.081	0.073	0.033	0.076
LOSS	0.187	0.000	0.390	0.177	0.000	0.381
GC	0.044	0.000	0.206	0.040	0.000	0.197
GOREIGN	0.069	0.000	0.254	0.073	0.000	0.260
MA	0.031	0.000	0.174	0.030	0.000	0.171
ISSUE	0.094	0.000	0.292	0.093	0.000	0.291
MERGE	0.122	0.000	0.327	0.129	0.000	0.335

表 3.7 t 检验统计表

Variable	ABTOT			ABBIG4			ABNONBIG4			ABNEXT6			ABSMALL		
	<0 Mean	>0 Mean	mean dif. t-stat	<0 Mean	>0 Mean	mean dif. t-stat	<0 Mean	>0 Mean	mean dif. t-stat	<0 Mean	>0 Mean	mean dif. t-stat	<0 Mean	>0 Mean	mean dif. t-stat
LOCAL	0.814	0.856	-6.28***	0.817	0.896	-8.17***	0.796	0.831	-3.84***	0.847	0.896	-6.30***	0.794	0.716	9.18***
BIG4	0.059	0.042	5.43***	0.043	0.039	1.09	0.058	0.029	6.25***	0.049	0.037	2.87***	0.054	0.019	7.18***
N	4 318	5 849		6 512	3 655		5 201	4 966		5 143	5 024		5 983	4 184	

注: *、**、*** 分别表示 0.10、0.05 和 0.01 水平上显著, 双尾检验, 下同。

表 3.8 重要变量相关系数表

	1.	2.	3.	4.	5.	6.	7.	8.
ABTOT	1							
ABBIG4	0.482***	1						
ABNONBIG4	0.816***	0.193***	1					
ABNEXT6	0.895***	0.272***	0.856***	1				
ABSMALL	0.519***	-0.077***	0.543***	0.302***	1			
LOCAL	0.043***	0.0180	0.121***	0.041***	0.054***	1		
BIG4	-0.093***	-0.038***	-0.073***	-0.066***	-0.086***	-0.065***	1	
HERF	0.170***	-0.383***	0.125***	0.103***	0.419***	-0.044***	-0.046***	1

3.4.2 多元回归模型主假设结果分析

表 3.9 中（1）~（3）给出了 2007—2016 年基于 10 167 个年度公司样本得到的省级层面会计师事务所供需不平衡对于当地会计师事务所选聘影响的结果。衡量区域内会计师事务所供需不平衡程度的 ABTOT 变量系数显著为正（beta = 0.154，$p < 0.01$），说明随着当地会计师事务所供给的不断增加，客户更倾向于选聘当地审计师，H1 得以验证。当存在省级层面会计师事务所供需不平衡时，会计师事务所供给每增加 1 个标准单位，客户选聘当地会计师事务所的可能性增加 1.5%。进一步地，细分会计师事务所类型看，ABBIG4（beta = 0.138，$p < 0.01$）、ABNONBIG4（beta = 0.246，$p < 0.01$）、ABNEXT6（beta = 0.139，$p < 0.01$）及 ABSMALL（beta = 0.297，$p < 0.01$）变量系数显著为正，表明随着当地 Big4、Next6 及 Small 会计师事务所供给的不断增加，客户更倾向于选聘当地审计师，具体而言，Big4、Next6 及 Small 会计师事务所供给每增加 1 个标准单位，客户选聘当地会计师事务所的可能性分别增加 1.6%、1.4% 和 3.0%，分会计师事务所类型的回归结果与主假设基本一致。

此外，HERF 指数的系数显著为负（如假设 H1（1），beta = -4.231，$p < 0.01$），表明客户在审计市场集中度越高的地区越倾向于聘请当地会计师事务所，进一步佐证 H1，同时也说明了在控制反映市场集中度的 HERF 指数后，通过引入其他描述审计市场供求关系的会计师事务所供需不平衡变量对于解释客户对当地会计师事务所的选聘依然具有增量效用。

表 3.9 中（4）和（5）给出了基于 8 531 个选聘当地会计师事务所的年度公司样本，省级层面会计师事务所供需不平衡对于当地 Big4 会计师事务所选聘影响的实证分析结果。ABBIG4 的系数为正（beta = 0.023，$p > 0.1$），表明当存在省级层面会计师事务所供需不平衡时，客户选聘 Big4 会计师事务所的概率随着该区域内 Big4 会计师事务所供给的增加有增加的趋势，但结果并不显著。经过分析发现，Big4 会计师事务所在中国的客户多是跨国公司的在华机构及同时在海外上市的大型中资企业，后者尤其需要凭借 Big4 会计师事务所的品牌声誉满足国外监管方的要求并取得国际投资者的认同。因此，可以认为 Big4 会计师事务

所客户是显著区别于其他类型会计师事务所客户的一个相对固定的群体，客户选聘 Big4 会计师事务所的概率并不会随着该区域内 Big4 会计师事务所供给的增加而显著增加。ABNONBIG4 的系数显著为负（beta = -0.470，$p < 0.01$），说明客户选聘 Big4 会计师事务所的概率随着该区域内 Non-Big4 会计师事务所供给水平的下降而降低，与假设 H2 一致。细分会计师事务所类型看，ABNEXT6（beta = -0.269，$p < 0.01$）及 ABSMALL（beta = -1.178，$p < 0.01$）变量系数显著为负，表明随着当地 Next6 及 Small 会计师事务所供给的不断增加，客户更倾向于选聘当地 Next6 及 Small 审计师，分会计师事务所类型的回归结果与主假设检验结果一致。同时，反映市场集中度的 HERF 指数系数为负（如假设 H2（4），beta = -2.167，$p > 0.1$），说明随着市场中会计师事务所竞争的不断加剧，客户选聘 Big4 会计师事务所的概率呈下降趋势，但这一结论并未显著成立。此外，选聘 Big4 会计师事务所的概率与 LNSIZE、ATR、ROA、GC 正相关，与 CR、LEV 负相关，并且在所有 4 个回归模型中均控制了年度和行业因素的影响。

表 3.9 多元回归结果

Dep. Var.	H1			H2	
	(1)	(2)	(3)	(4)	(5)
ABTOT	0.154*** (0.000)				
ABBIG4		0.138*** (0.000)	0.161*** (0.000)	0.023 (0.719)	0.019 (0.907)
ABNONBIG4		0.246*** (0.000)		-0.470*** (0.000)	
ABNEXT6			0.139*** (0.000)		-0.269*** (0.000)
ABSMALL			0.297*** (0.000)		-1.178*** (0.000)
HERF	-4.671*** (0.000)	-3.219*** (0.000)	-3.764*** (0.000)	-2.167 (0.275)	-0.359 (0.692)
DISTANCE	3.732*** (0.000)	3.917*** (0.000)	3.489*** (0.000)	-1.316* (0.068)	-1.235 (0.168)

续表

Dep. Var.	H1			H2	
	(1)	(2)	(3)	(4)	(5)
OWNERSHIP	0.049 (0.517)	0.065 (0.389)	0.043 (0.569)	-0.147 (0.469)	-0.179 (0.312)
LNSIZE	-0.096*** (0.000)	-0.102*** (0.000)	-0.098*** (0.000)	1.256*** (0.000)	1.261*** (0.000)
ATR	0.091 (0.146)	0.067 (0.104)	0.089 (0.137)	0.226* (0.036)	0.169 (0.121)
CR	0.014 (0.209)	0.018 (0.218)	0.019 (0.217)	-0.495*** (0.000)	-0.507*** (0.000)
LEV	-0.116** (0.010)	-0.115** (0.012)	-0.117** (0.029)	-5.368*** (0.000)	-5.210*** (0.000)
ROA	-0.222* (0.069)	-0.213* (0.075)	-0.222* (0.072)	0.262 (0.802)	0.506 (0.621)
LOSS	-0.293*** (0.004)	-0.289*** (0.005)	-0.299*** (0.003)	0.160 (0.550)	0.147 (0.587)
GC	-0.114 (0.536)	-0.113 (0.540)	-0.114 (0.535)	1.180** (0.022)	1.130** (0.030)
FOREIGN	0.488*** (0.005)	0.487*** (0.005)	0.488*** (0.005)	-0.671* (0.077)	-0.615 (0.103)
MA	0.048 (0.821)	0.051 (0.809)	0.049 (0.816)	0.311 (0.464)	0.314 (0.467)
ISSUE	-0.038 (0.767)	-0.034 (0.794)	-0.040 (0.756)	-0.461* (0.076)	-0.452* (0.086)
MERGE	0.539*** (0.000)	0.535*** (0.000)	0.534*** (0.000)	-1.464*** (0.001)	-1.431*** (0.001)
INTERCEPT	2.060** (0.034)	1.783** (0.015)	1.897** (0.011)	-28.125*** (0.000)	-28.096*** (0.000)
行业/年度	Yes	Yes	Yes	Yes	Yes
N	10 167	10 167	10 167	8 531	8 531
Adj. R^2/ Pse. R^2	11.56%	12.01%	11.63%	32.97%	34.49%

注：*、**、***分别表示在0.10、0.05和0.01水平上显著（双尾）。

3.4.3 多元回归模型稳健性检验

1. 重新定义区域划分稳健性检验

参照我国常用的区域划分方法,结合薛强等(2013)的研究经验[150],将文中区域分类重新定义为华东、华南、华中、华北、西北、西南及东北 7 个区域,对假设 H1 及 H2 重新进行回归分析。结果如表 3.10 中(1)~(5)所示,其中(1)~(3)分别检验了重新划分区域后会计师事务所供需不平衡对于当地会计师事务所选聘的影响;(4)和(5)分别检验了重新划分区域后会计师事务所供需不平衡对于当地 Big4 会计师事务所选聘的影响。(1)的结果表明,衡量区域内会计师事务所供需不平衡程度的 ABTOT 变量系数显著为正(beta = 0.196,$p <$ 0.01),说明随着区域内会计师事务所供给的不断增加,客户更倾向于选聘当地审计师,H1 得以验证。进一步地,细分会计师事务所类型看,ABBIG4(beta = 0.112,$p < 0.05$)、ABNONBIG4(beta = 0.324,$p < 0.01$)、ABNEXT6(beta = 0.242,$p < 0.01$)及 ABSMALL(beta = 0.412,$p < 0.01$)变量系数显著为正,表明随着区域内 Big4、Next6 及 Small 会计师事务所供给的不断增加,客户更倾向于选聘当地审计师,与前文主假设检验结果一致,模型调整后的 R 方约为 13.5%。(4)中 ABBIG4 的系数为正(beta = 0.011,$p > 0.1$),表明当存在区域内会计师事务所供需不平衡时,客户选聘 Big4 会计师事务所的概率随着该区域内 Big4 会计师事务所供给的增加有上升的趋势,但结果并不显著。ABNONBIG4 的系数显著为负(beta = -0.377,$p < 0.01$),说明客户选聘 Big4 会计师事务所的概率随着该区域内 Non-Big4 会计师事务所供给水平的提高而降低,与假设 H2 一致。细分会计师事务所类型看,ABNEXT6(beta = -0.386,$p < 0.05$)及 ABSMALL(beta = -1.152,$p < 0.01$)变量系数显著为负,表明随着当地 Next6 及 Small 会计师事务所供给的不断增加,客户更倾向于选聘当地 Next6 及 Small 审计师,分会计师事务所类型的回归结果与主假设检验结果基本一致。模型调整后的 R 方约为 33%。

2. 重新选择时间窗口稳健性检验

正如前文所述,由于审计市场处于动态均衡中,考虑到市场信息反应时滞,

表 3.10 稳健性检验

Dep. Var.	重分区域						滞后两期			
	H1			H2			H1		H2	
	(1)	(2)	(3)	(4)	(5)	(6)	(7)	(8)	(9)	(10)
ABTOT	0.196*** (0.000)					0.210*** (0.000)				
ABBIG4		0.112** (0.046)	0.175*** (0.008)	0.011 (0.916)	0.015 (0.863)		0.191*** (0.001)	0.189*** (0.003)	0.112 (0.264)	0.047 (0.128)
ABNONBIG4		0.324*** (0.000)		−0.377*** (0.000)			0.274*** (0.000)		−0.123** (0.044)	
ABNEXT6			0.242*** (0.000)		−0.386** (0.016)			0.206*** (0.000)		−0.289*** (0.000)
ABSMALL			0.412*** (0.000)		−1.152*** (0.001)			0.420*** (0.000)		−1.577*** (0.000)
HERF	−4.256*** (0.000)	−3.890*** (0.000)	−3.710*** (0.000)	−1.769 (0.230)	−0.517 (0.658)	−3.981*** (0.000)	−3.629*** (0.000)	−2.810*** (0.000)	−2.142 (0.197)	−1.329 (0.381)
DISTANCE	2.438*** (0.000)	2.760*** (0.000)	2.791*** (0.000)	−1.779 (0.434)	−1.116 (0.372)	3.808*** (0.000)	3.859*** (0.000)	3.912*** (0.000)	−1.062 (0.116)	−0.703 (0.254)
OWNERSHIP	0.074 (0.373)	0.108 (0.198)	0.100 (0.232)	−0.151 (0.430)	−0.184 (0.345)	0.319*** (0.000)	0.059 (0.489)	0.055 (0.516)	−0.152 (0.430)	0.486** (0.020)

续表

Dep. Var.	重分区域					滞后两期				
	H1			H2		H1		H2		
	(1)	(2)	(3)	(4)	(5)	(6)	(7)	(8)	(9)	(10)
LNSIZE	-0.074** (0.043)	-0.072** (0.049)	-0.073** (0.048)	1.256*** (0.000)	1.250*** (0.000)	-0.099*** (0.007)	-0.096*** (0.010)	-0.103*** (0.006)	1.292*** (0.000)	1.126*** (0.000)
ATR	0.096 (0.140)	0.090 (0.167)	0.093 (0.153)	0.225* (0.057)	0.187 (0.114)	0.024 (0.689)	0.092 (0.165)	0.095 (0.153)	0.308** (0.041)	0.156 (0.119)
CR	0.028* (0.071)	0.027* (0.078)	0.027* (0.077)	-0.543*** (0.000)	-0.528*** (0.000)	0.020 (0.182)	0.020 (0.167)	0.019 (0.186)	-0.552*** (0.000)	-0.422*** (0.000)
LEV	-0.092** (0.030)	-0.092** (0.031)	-0.091** (0.034)	-5.254*** (0.000)	-4.999*** (0.000)	-0.094* (0.058)	-0.103** (0.023)	-0.101** (0.026)	-5.234*** (0.000)	-3.836*** (0.000)
ROA	-0.175 (0.133)	-0.173 (0.134)	-0.179 (0.128)	0.255 (0.809)	0.514 (0.616)	-0.231* (0.063)	-0.222* (0.072)	-0.222* (0.069)	0.501 (0.703)	0.735 (0.327)
LOSS	-0.284*** (0.005)	-0.283*** (0.005)	-0.294*** (0.003)	0.186 (0.488)	0.152 (0.573)	-0.280*** (0.006)	-0.299*** (0.003)	-0.293*** (0.004)	0.169 (0.535)	0.031 (0.911)
GC	-0.066 (0.718)	-0.071 (0.698)	-0.071 (0.697)	1.160** (0.025)	1.124** (0.031)	0.028 (0.879)	-0.114 (0.535)	-0.114 (0.536)	1.234** (0.017)	1.020* (0.069)
FOREIGN	0.492*** (0.004)	0.487*** (0.004)	0.487*** (0.004)	-0.658* (0.083)	-0.611 (0.106)	0.350** (0.043)	0.488*** (0.005)	0.488*** (0.005)	-0.605* (0.096)	-0.696* (0.095)

续表

Dep. Var.	重分区域					滞后两期				
	H1			H2			H1			H2	
	(1)	(2)	(3)	(4)	(5)	(6)	(7)	(8)	(9)	(10)
MA	0.006	0.016	0.014	0.311	0.314	0.044	0.049	0.048	0.269	0.176
	(0.977)	(0.938)	(0.947)	(0.463)	(0.467)	(0.835)	(0.816)	(0.821)	(0.522)	(0.675)
ISSUE	−0.077	−0.061	−0.059	−0.446*	−0.449*	0.006	−0.040	−0.038	−0.481*	−0.354
	(0.544)	(0.634)	(0.645)	(0.085)	(0.088)	(0.962)	(0.756)	(0.767)	(0.061)	(0.141)
MERGE	0.523***	0.506***	0.506***	−1.486***	−1.435***	0.548***	0.534***	0.539***	−1.501***	−1.480***
	(0.000)	(0.000)	(0.000)	(0.001)	(0.001)	(0.000)	(0.000)	(0.000)	(0.001)	(0.001)
INTERCEPT	0.906	0.833	0.754	−28.005***	−27.910***	2.697***	1.937**	2.095**	−28.575***	−25.632***
	(0.282)	(0.324)	(0.372)	(0.000)	(0.000)	(0.001)	(0.025)	(0.015)	(0.000)	(0.000)
行业/年度	Yes	Yes	Yes	Yes	Yes	Yes	Yes	Yes	Yes	Yes
N	10 167	10 167	10 167	8 531	8 531	10 167	10 167	10 167	8 531	8 531
Adj. R^2 / Pse. R^2	13.51%	13.43%	13.62%	32.13%	34.00%	11.59%	11.86%	11.84%	28.95%	33.81%

注：*、**、*** 分别表示在 0.10、0.05 和 0.01 水平上显著（双尾）。

审计市场供需结构引发的经济后果可能需要较长时间才能显现[151]。为了使研究结果更加稳健,将滞后一期改为滞后两期,定义审计市场产出变量选取的时间窗口为 2009—2016 年,对假设 H1 及 H2 模型重新进行回归分析。结果见表 3.10 中 (6)~(10),(6) 的结果表明,衡量省级层面会计师事务所供需不平衡程度的 ABTOT 变量系数显著为正($beta = 0.210$,$p < 0.01$),说明随着区域内会计师事务所供给的不断增加,客户更倾向于选聘当地审计师,H1 得以验证。进一步地,细分会计师事务所类型看,ABBIG4($beta = 0.191$,$p < 0.01$)、ABNONBIG4($beta = 0.274$,$p < 0.01$)、ABNEXT6($beta = 0.206$,$p < 0.01$)及 ABSMALL($beta = 0.420$,$p < 0.01$)变量系数显著为正,表明随着省域内 Big4、Next6 及 Small 会计师事务所供给的不断增加,客户更倾向于选聘当地审计师,与前文主假设检验结果一致,模型调整后的 R 方约为 12%。(9) 中 ABBIG4 的系数为正($beta = 0.112$,$p > 0.1$),表明当存在区域内会计师事务所供需不平衡时,客户选聘 Big4 会计师事务所的概率随着该区域内 Big4 会计师事务所供给的增加有上升的趋势,但结果并不显著。ABNONBIG4 的系数显著为负($beta = -0.123$,$p < 0.05$),说明客户选聘 Big4 会计师事务所的概率随着该区域内 Non-Big4 会计师事务所供给水平的提高而降低,与假设 H2 一致。细分会计师事务所类型看,ABNEXT6($beta = -0.289$,$p < 0.05$)及 ABSMALL($beta = -1.577$,$p < 0.01$)变量系数显著为负,表明随着当地 Next6 及 Small 会计师事务所供给的不断增加,客户更倾向于选聘当地 Next6 及 Small 审计师,分会计师事务所类型的回归结果与主假设检验结果基本一致。模型调整后的 R 方约为 30%。

3.4.4 研究结果讨论

通过构建多元回归模型,基于 2007—2016 年沪深两市 A 股上市公司财务数据,从供、需双维这一全新研究视角出发,引入新的反映审计市场供需状况的变量,检验我国省级层面审计市场供需不平衡对会计师事务所选聘及审计费用的影响。结果表明,审计市场的供需不平衡状态在我国省域内普遍存在。具体而言,省级层面 Big4 会计师事务所供需(ABBIG4)、Non-Big4 会计师事务所供需不平衡(ABNONBIG4)、Next6 会计师事务所供需不平衡(ABNEXT6)及 Small 会计师事务所供需不平衡（ABSMALL）的均值分别为 0.016、0.000、0.006 和 -0.003，其中 Big4 会计师事务所的供需不平衡状况最为严重，表明 Big4 会计师事务所借助自身的品牌声誉，其在我国的业务战略呈现扩张态势，Next6 会计师事务所供需不平衡的状况也较为明显，反映出在国家相关政策鼓励支持下，我国本土大所通过进一步合并"做强做大"初见成效，供给也大幅提升。此外，反映审计市场竞争程度的市场集中度 HERF 指数及 DISTANCE 的均值分别为 0.178 和 0.113，说明我国审计市场中会计师事务所竞争较为激烈，会计师事务所间市场份额差距并不大。

多元回归模型结果表明，在我国审计市场中，当省级审计市场存在供需不平衡时，会计师事务所供给每增加 1 个标准单位，客户选聘当地会计师事务所的可能性增加 1.5%，其中 Big4 会计师事务所、Next6 会计师事务所及 Small 会计师事务所供给每增加 1 个标准单位，客户选聘当地会计师事务所的可能性增加 1.6%、1.4% 和 3.0%。客户选聘本地 Big4 会计师事务所的概率随着该区域内 Non-Big4 会计师事务所供给水平的提高而降低。结果表明，会计师事务所的地缘优势非常明显，出于审计成本的考虑，上市公司倾向于选聘当地会计师事务所，同时，Big4 会计师事务所客户相对固定，并未随其供给的增加而显著增长，当 Non-Big4 会计师事务所供给进一步增加时，Big4 会计师事务所的高审计溢价将会降低上市公司对其的选择概率，并且促使更多的上市公司选择审计费用相对低廉同时对盈余管理容忍度更高的 Non-Big4 会计师事务所。

3.5 本章小结

为全面分析我国审计市场发展现状及会计师事务所选聘影响因素构成及影响程度，本章节基于 2007—2016 年沪深两市 A 股上市公司财务数据，引入新的反映审计市场供需状况的变量，检验我国省级层面审计市场供需不平衡对会计师事务所选聘的影响。首先，在梳理前人研究成果的基础上，指出会计师事务所选聘影响因素构成，对本章节研究问题进行描述，给出研究思路。其次，分析提出审计市场供需结构对会计师事务所选聘影响的基本假设，具体包括对当地会计师事务所 VS 外地会计师事务所的选聘，以及对 Big4 会计师事务所 VS Non-Big4 会计师事务所的选聘。然后，给出审计市场供需结构对会计师事务所选聘影响假设检验的研究设计，包括建模步骤、样本数据来源及变量定义。最后，通过运行多元回归模型，进行描述性统计及主假设检验结果分析，为了保证研究结论的稳健性，附加模型的稳健性检验。研究结果表明，供求双方的信息不对称导致审计市场经常地处于一种不平衡状态，这种不平衡会对客户的选聘行为产生影响。书中从我国省级层面审计市场供求关系视角出发，对我国现有关于审计市场供求的研究进行了扩充，也为分析客户对于会计师事务所的选聘行为及会计师事务所定价策略提供了新思路。

第 4 章

审计市场供需结构对会计师事务所审计行为影响研究

审计市场供需结构除了影响上市公司对会计师事务所的选聘策略,也会影响会计师事务所的相关审计行为。在上一章节基础上,本章节以 2007—2013 年沪深两市 A 股上市公司年度数据为样本,实证检验我国省级层面审计市场供需结构对审计费用及审计质量的影响,并利用审计工时数据研究探索审计市场供需结构对审计质量的影响作用机制。

4.1 审计市场供需结构对审计费用的影响

Simunic(1980)考察了 10 个影响审计费用的因素,奠定了审计费用实证分析基础,并且首次指出审计定价包括审计资源成本和风险溢价两部分,其中风险溢价主要用以补偿会计师事务所可能面临的各种风险,诸如诉讼风险和名誉损坏风险[80]。此后,不断有新的变量被引入以修正模型,有关审计定价的研究也日臻完善。吴联生和刘慧龙(2008)认为目前关于审计费用影响因素的研究已经足够,即便再运用不同的样本而得出相同的结论,也没有实质性的意义[86]。近年来,也有部分学者从审计市场集中度出发,试图证实较高市场集中度将会导致审计费用的上升,但并未获得太多证据支撑,在某些情况下市场集中度甚至会降低审计费用[130][133][134]。

依据供求理论,市场供求均衡时,供给曲线与需求曲线的交点价格即为均衡市场价格，当市场中供给大于需求时，客户将获得更大的议价空间，供求曲线上的均衡市场价格将会下移；相反地，当市场中出现供给不足时，为了获得相应的商品或服务，客户议价空间被压缩，均衡市场价格上移。如前文讨论，从长期看，区域内审计市场应该朝着不断变化中的平衡发展（动态平衡）。短期内，受市场信息反应时滞、会计师事务所"供给黏性"、客户需求变化等因素影响，审计市场供求双方仍然存在摩擦，导致都市地区内审计会计师事务所供给与需求的不平衡。如果不平衡反映出会计师事务所的过度供给，客户议价空间增加，将会带来审计费用的下降；如果不平衡反映出会计师事务所的供给不足，客户选择空间被压缩，那么审计费用将会上升。据此：

H1：当存在审计市场供需不平衡时，客户支付的审计费用随着该区域内会计师事务所供给水平的下降而降低。

4.2 审计市场供需结构对审计质量的影响

4.2.1 审计市场供需结构与审计质量

Big4 会计师事务所被认为是会计师事务所品牌、规模及市场占有率的替代变量[152]。李文鹏（2016）研究发现，当交易双方处在高度的信息不对称时，声誉作为一种信号传递机制便开始发挥着不可替代的作用[153]。在审计市场中，品牌声誉更是评判会计师事务所审计质量的重要工具。有研究表明，Big4 与 Non-Big4 会计师事务所的审计质量存在显著差异，聘请 Big4 会计师事务所审计公司的盈余信息质量更高；与此同时，Big4 与 Non-Big4 会计师事务所审计质量的市场认同度也存在差异，Big4 会计师事务所的市场认同度更高[154]-[157]。

表 4.1 将会计师事务所客户按其来源分为业务保持、其他 Big4 转入、其他 Non-Big4 转入及其他新增客户 4 类，通过对我国 Big4 会计师事务所客户群的分析发现：①近 90% 以上的 Big4 会计师事务所客户来源于业务保持或其他 Big4 会计师事务所转入（见表 4.1），且各年份间客户数量变化不大，说明 Big4 客户群体较为固定；②Big4 会计师事务所客户的平均资产规模显著高于其他类型会计师

事务所客户（见图 4.1）；③Big4 会计师事务所在中国的客户多是跨国公司的在华机构及同时在海外上市的大型中资企业，后者尤其需要凭借 Big4 的权威取得国际投资者的认同。因此，可以认为 Big4 会计师事务所客户是显著区别于其他类型会计师事务所客户的一个相对固定的群体，各年份间客户数量虽略有上升，但总体变化不大，省级层面 Big4 会计师事务所供给数量的变化不会带来 Big4 客户数目的显著增加。相对于 Non-Big4 会计师事务所，Big4 会计师事务所凭借较高的国际声誉和品牌知名度，市场份额竞争压力小，为了维护声誉及专业性，应尽量保持较高的审计质量，随着区域内会计师事务所供给水平的提高，Big4 会计师事务所出具非标准审计意见的概率会相应增加。

表 4.1　2008—2013 年 Big4 会计师事务所客户构成

单位：个

年份	2008	2009	2010	2011	2012	2013
客户总数	111	114	131	150	155	155
其中：业务保持	100	102	107	125	136	128
其他 Bgi4 转入	1	2	3	5	8	20
其他 Non-Big4 转入	6	4	13	13	5	5
其他新增客户	4	6	8	7	6	2

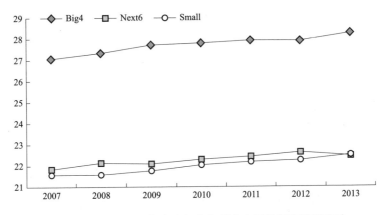

图 4.1　2007—2013 年会计师事务所客户平均资产规模变动

进一步地，针对本土 Next6 及 Small 会计师事务所，从图 4.2 中可以看出，Small 会计师事务所的市场份额呈现逐年下降的趋势，从 2007 年的近 80% 下降到

2013 年的 40% 以下，与之相反，Next6 会计师事务所的市场份额逐年上升，从 2007 年的不足 20% 上升至 2013 年的 50% 以上。自 2000 年起，《会计师事务所扩大规模若干问题的指导意见》《关于加快发展我国注册会计师行业的若干意见》《关于支持会计师事务所进一步做强做大的若干政策措施》（会协〔2012〕164号）等一系列政策，大力提倡会计师事务所扩大规模。《2013 年会计师事务所综合评价前百家信息》显示，2013 年全行业业务收入超过 1 亿元的会计师事务所达到 46 家，其中瑞华和立信两家本土会计师事务所跻身百家榜前 5，由此可见，本土大所在经历高速发展后已逐渐可与 Big4 比肩。

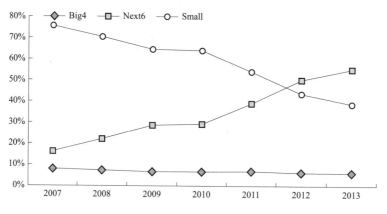

图 4.2　会计师事务所市场份额变动

在经历快速扩张、合并发展之后，如何为现有客户群体提供高质量的审计服务，实现从吸纳客户到建立声誉的转变，将成为 Next6 会计师事务所亟须解决的问题。因此，书中认为，Next6 会计师事务所在响应国家号召扩大规模之外，要实现"做强做大"，树立自身品牌，审计质量必须有所提升；反观 Small 会计师事务所，面对市场份额的大幅缩减，如何挽留客户则显得更为重要。Defond 等通过对我国上市公司研究表明，倾向于出具非标准审计意见的会计师事务所将更可能面临市场份额的流失[158]。鉴于目前我国审计市场还处于会计师事务所激烈竞争、市场集中度不高的发展阶段，会计师事务所总体面临的法律风险很低[159]，当区域内会计师事务所供给水平提高时，为了争取客户，扩大市场份额，Small会计师事务所将会选择尽量减少出具非标准审计意见。据此，建立如下假设：

H2：当存在审计市场供需不平衡时，Big4 会计师事务所及 Next6 会计师事务所出具非标准审计意见的概率随着该区域内会计师事务所供给水平的提高而增加，Small 会计师事务所出具非标准审计意见的概率随着该区域内会计师事务所供给水平的提高而降低。

4.2.2 审计投入的中介效应

Watts 等将审计质量界定为会计师事务所及注册会计师在时间、人力、物力等方面的审计投入，专业胜任能力，审计独立性及职业操守等方面的联合指数[93]。如果将审计服务看作一种特殊商品，审计投入及审计质量对应商品生产的两端，是投入和产出的直观要素形式。受到数据可得性的制约，长期以来审计相关研究多集中于审计服务链条的后端。20 世纪 90 年代以后，部分学者基于问卷调查或者借助审计工作底稿，了解到会计师事务所在审计服务中的人力物力投入，特别是审计工时数据的取得使人们打开审计生产过程这个黑箱成为可能，由此审计学术研究的范围从产出环节前移到投入和生产环节[160]。Palmrose（1989）最早用项目审计工时来衡量审计投入和审计成本[161]，此后多位学者通过实证研究了影响审计投入的因素，发现审计工时由客户特征和会计师事务所特征共同决定，具体包括客户规模[161]-[162]、经营复杂程度[163]、风险水平[164]，以及会计师事务所规模与品牌[165]、行业经验[166]、执业年限[167]等。李伟等（2018）[168]利用我国独特披露的审计工时数据，研究了审计投入与产出的关系问题，发现审计投入与审计质量正相关，审计投入的增加能够显著提高审计质量，为审计生产链条中审计投入的关键作用增加了经验证据。

Palmrose[161]的早期研究发现，"八大"会计师事务所的审计工时总体上高于非"八大"会计师事务所。Deis 等（1996）[165]用会计师事务所分支机构的数量替代会计师事务所品牌，证实了 Palmrose[161]的研究结论，即规模大的会计师事务所平均投入更多的审计工时。主要原因在于，鉴于市场中存在信息不对称，财务信息使用者会选择相信具有较好品牌声誉的大型会计师事务所，他们普遍将大型会计师事务所视作审计质量的保证，这种信任就像双刃剑，一方面将大型会计师事务所推至更高的神坛，另一方面也要求会计师事务所增加审计投入以提供高质量审计服务，维护品牌声誉。与此同时，审计投入直接决定了审计成本[161]，目前我国审计市场尤其是非上市公司审计市场竞争过度是不争的事实，会计师事务所特别是中小型会计师事务所数量过多且素质良莠不齐，由于我国审计费用普遍偏低，中小型会计师事务所要生存，就需要以大量的客户数量来支撑其收入[169]。置身于此竞争环境下，低价揽客似乎成为中小型会计师事务所的唯一选择，低收费势必压制审计投入，带来审计质量的下降，如此往复。

根据前文分析，当审计市场出现供需不平衡时，不同类型不同规模会计师事务所策略选择不尽相同，相较于 Big4 及 Next6 会计师事务所，Small 会计师事务所更倾向于如何争取客户，避免市场份额流失。会计师事务所应对策略的不同将首先影响审计投入进而呈现出不同的审计质量，即审计投入在审计市场供需不平衡与审计质量间发挥中介作用，李伟等（2018）[168]的研究发现也为本结论提供了部分支撑。基于此，建立如下假设：

H3a：当存在审计市场供需不平衡时，Big4 会计师事务所及 Next6 会计师事务所审计投入随着该区域内会计师事务所供给水平的提高而增加，Small 会计师事务所审计投入随着该区域内会计师事务所供给水平的提高而减少。

H3b：审计投入在会计师事务所供给与审计质量间发挥中介作用。图 4.3 所示为中介效应研究框架。

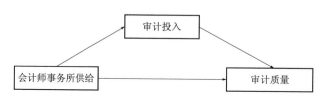

图 4.3　中介效应研究框架

4.3　研究设计及模型构建

4.3.1　样本选择和数据来源

自 2007 年起我国新会计准则颁布实施，为了保持数据的一致性，本研究以 2007 年 1 月 1 日作为数据搜集的初始点，受限于部分数据的可获取性，选取 2007—

2013 年沪深两市 A 股上市公司作为样本,考虑到市场信息反应时滞,采用滞后一期的研究设计,即所有的自变量及控制变量数据取自 2007—2012 年,因变量数据取自滞后一期的 2008—2013 年。①剔除金融、保险行业上市公司;②剔除 ST 上市公司;③剔除变量数据缺失且无法补充的公司。最终确定来自 1 922 家上市公司的年度样本共 3 847/4 615 个。会计师事务所总部及其分支机构所在地、成立时间信息通过中国注册会计师协会网站及各会计师事务所官方网站手工搜集[147],并对各年份中会计师事务所合并数据进行了回溯和手工处理;分省人口、收入及失业率数据来源于国家统计局官方网站[148];公司纳入合并报表范围子公司数目来源于各上市公司发布的定期报告;其他数据来源于 CSMAR 数据库和 WIND 数据库;为使研究更加贴近审计实务,挑选中注协百家会计师事务所评选中排名前 20 位的部分会计师事务所进行了现场调研和访谈。所有连续变量均进行了 1% 尾缩处理。

4.3.2　模型构建与变量定义

1. 审计市场供需结构对会计师事务所审计费用影响多元回归模型

为验证审计市场供需不平衡对于审计费用的影响(假设 H1),建立模型如下:

$$\begin{aligned} \text{LNFEE} = & \delta_0 + \delta_1 \text{ABTOT} + \delta_2 \text{HERF} + \delta_3 \text{DISTANCE} + \\ & \delta_4 \text{INDSPE} + \delta_5 \text{OWNERSHIP} + \delta_6 \text{LNSIZE} + \delta_7 \text{ATR} + \delta_8 \text{CR} + \delta_9 \text{LEV} + \\ & \delta_{10} \text{ROA} + \delta_{11} \text{ARAT} + \delta_{12} \text{INVAT} + \delta_{13} \text{MB} + \delta_{14} \text{AFTEN} + \delta_{15} \text{LNDELAY} + \\ & \delta_{16} \text{BIG4} + \delta_{17} \text{LOSS} + \delta_{18} \text{GC} + \delta_{19} \text{FOREIGN} + \delta_{20} \text{MA} + \delta_{21} \text{ISSUE} + \\ & \delta_{22} \text{LNSUB} + \delta_{23} \text{MERGE} + \text{Industry and Year dummies} \end{aligned} \quad (4.1)$$

模型(4.1)中,因变量 LNFEE 取审计费用的自然对数,根据假设 H1,预期 δ_1 系数为负。HERF 指数反映了审计市场的竞争状况,竞争越缺乏,越可能出现垄断,预期 δ_2 为正;结合 Francis 等(2005)[81]、Numan 和 Willekens(2012)[83]的结论,具备审计师行业专长(INDSPE)或与竞争者市场份额差距较大(DISTANCE)的审计师将会溢价收费,预期 δ_3、δ_4 系数为正。

参照 Fan 和 Wang(2005)[39]、Lennox(2005)[41]、Chen 等(2010)[62]、Francis 等(2005)[81]、Numan 和 Willekens(2012)[83]、郭照蕊(2011)[149]的研究,上述模型中加入表 4.2 中的控制变量。

表 4.2　多元回归模型变量定义

类型	变量名	定义
因变量	LNFEE	审计费用的自然对数
自变量	ABTOT	区域内总的会计师事务所供需不平衡的程度
	ABBIG4	区域内 Big4 会计师事务所供需不平衡的程度
	ABNONBIG4	区域内 Non-Big4 会计师事务所供需不平衡的程度
	ABNEXT6	区域内 Next6 会计师事务所供需不平衡的程度
	ABSMALL	区域内 Small 会计师事务所供需不平衡的程度
控制变量	HERF	审计市场集中度 = 区域内基于审计费用计算的每一家会计师事务所市场份额的平方之和
	DISTANCE	现任审计师与其最接近竞争者所占有市场份额的差距
	INDSPE	会计师事务所是国家及区域层面的行业专家为 1，否则为 0
	OWNERSHIP	国有控股为 1，否则为 0
	LNSIZE	上市公司总资产的自然对数
	ATR	总资产周转率 = 销售收入与期初总资产之比
	CR	流动比率 = 流动资产与流动负债之比
	LEV	杠杆比率 = 总负债与总资产之比
	ROA	总资产收益率 = 净利润与总资产之比
	ARAT	应收账款占比 = 应收账款与总资产之比
	INVAT	存货占比 = 存货与总资产之比
	MB	市值账面比 =（市值 + 总资产 − 普通股账面值）/总资产
	AFTEN	会计师事务所任期的自然对数
	LNDELAY	财年结束到审计师出具审计报告的天数的自然对数
	BIG4	聘请 Big4 会计师事务所为 1，否则为 0
	LOSS	亏损为 1，否则为 0
	GC	审计师出具持续经营意见为 1，否则为 0
	FOREIGN	有海外销售业务为 1，否则为 0
	MA	存在兼并或重组为 1，否则为 0
	ISSUE	发行新股为 1，否则为 0
	LNSUB	(1 + 上市公司纳入合并报表范围子公司数目) 的自然对数
	MERGE	会计师事务所经历合并为 1，否则为 0

2. 审计市场供需结构对会计师事务所审计质量影响多元回归模型

为验证假设 H2、H3a 及 H3b，构建如下递归模型：

$$\begin{aligned} MAO = &\mu_0 + \mu_1 ABBIG4 + \mu_2 ABNEXT6 + \mu_3 ABSMALL + \mu_4 HERF + \mu_5 DISTANCE + \\ &\mu_6 INDSPE + \mu_7 OWNERSHIP + \mu_8 LNSIZE + \mu_9 ATR + \mu_{10} CR + \mu_{11} LEV + \\ &\mu_{12} ROA + \mu_{13} ARAT + \mu_{14} INVAT + \mu_{15} MB + \mu_{16} AFTEN + \mu_{17} LNDELAY + \\ &\mu_{18} LOSS + \mu_{19} FOREIGN + \mu_{20} MA + \mu_{21} ISSUE + \mu_{22} LNSUB + \mu_{23} MERGE + \\ &\text{Industry and Year dummies} \end{aligned} \quad (4.2)$$

$$\begin{aligned} EFFORT = &\beta_0 + \beta_1 ABBIG4 + \beta_2 ABNEXT6 + \beta_3 ABSMALL + \beta_4 HERF + \beta_5 DISTANCE + \\ &\beta_6 INDSPE + \beta_7 OWNERSHIP + \beta_8 LNSIZE + \beta_9 ATR + \beta_{10} CR + \beta_{11} LEV + \\ &\beta_{12} ROA + \beta_{13} ARAT + \beta_{14} INVAT + \beta_{15} MB + \beta_{16} AFTEN + \beta_{17} LNDELAY + \\ &\beta_{18} LOSS + \beta_{19} FOREIGN + \beta_{20} MA + \beta_{21} ISSUE + \beta_{22} LNSUB + \beta_{23} MERGE + \\ &\text{Industry and Year dummies} \end{aligned} \quad (4.3)$$

$$\begin{aligned} MAO = &\gamma_0 + \gamma_1 ABBIG4 + \gamma_2 ABNEXT6 + \gamma_3 ABSMALL + \gamma_4 EFFORT + \gamma_5 HERF + \\ &\gamma_6 DISTANCE + \gamma_7 INDSPE + \gamma_8 OWNERSHIP + \gamma_9 LNSIZE + \gamma_{10} ATR + \gamma_{11} CR + \\ &\gamma_{12} LEV + \gamma_{13} ROA + \gamma_{14} ARAT + \gamma_{15} INVAT + \gamma_{16} MB + \gamma_{17} AFTEN + \\ &\gamma_{18} LNDELAY + \gamma_{19} LOSS + \gamma_{20} FOREIGN + \gamma_{21} MA + \gamma_{22} ISSUE + \gamma_{23} LNSUB + \\ &\gamma_{24} MERGE + \text{Industry and Year dummies} \end{aligned} \quad (4.4)$$

模型（4.2）验证了审计市场供需不平衡对审计质量的影响，其中因变量 MAO 在审计师出具非标准审计意见为 1，否则为 0。自变量分别为省域内 Big4 会计师事务所供需不平衡程度（ABBIG4）、省域内 Next6 会计师事务所供需不平衡程度（ABNEXT6）及省域内 Small 会计师事务所供需不平衡程度（ABSMALL）。根据假设 H2，预期系数 μ_1、μ_2 及 μ_3 的符号分别为正、正及负。

模型（4.3）验证了审计市场供需不平衡对审计投入的影响，其中因变量 EFFORT 代表审计投入，采用审计投入（天数）的自然对数进行度量。根据假设 H3a，预期系数 β_1、β_2 及 β_3 的符号分别为正、正及负。

模型（4.4）验证了审计投入在会计师事务所供给与审计质量间的中介作用，其中因变量 MAO 在审计师出具非标准审计意见为 1，否则为 0。根据假设 H3b，预期系数 γ_4 的符号显著为正。

具体变量定义如表 4.3 所示。

表 4.3　多元回归模型变量定义

类型	变量名	定义
因变量	MAO	非标准审计意见为 1，否则为 0
	EFFORT	审计投入（天数）的自然对数
自变量	ABBIG4	区域内 Big4 会计师事务所供需不平衡的程度
	ABNEXT6	区域内 Next6 会计师事务所供需不平衡的程度
	ABSMALL	区域内 Small 会计师事务所供需不平衡的程度
控制变量	HERF	审计市场集中度＝省域内基于审计费用计算的每一家会计师事务所市场份额的平方之和
	DISTANCE	现任审计师与其最接近竞争者所占有市场份额的差距
	INDSPE	会计师事务所是国家及省域层面的行业专家为 1，否则为 0
	OWNERSHIP	国有控股为 1，否则为 0
	LNSIZE	上市公司总资产的自然对数
	ATR	总资产周转率＝销售收入与期初总资产之比
	CR	流动比率＝流动资产与流动负债之比
	LEV	杠杆比率＝总负债与总资产之比
	ROA	总资产收益率＝净利润与总资产之比
	ARAT	应收账款占比＝应收账款与总资产之比
	INVAT	存货占比＝存货与总资产之比
	MB	市值账面比＝（市值＋总资产－普通股账面值）/总资产
	AFTEN	会计师事务所任期的自然对数
	LNDELAY	财年结束到审计师出具审计报告的天数的自然对数
	LOSS	亏损为 1，否则为 0
	FOREIGN	有海外销售业务为 1，否则为 0
	MA	存在兼并或重组为 1，否则为 0
	ISSUE	发行新股为 1，否则为 0

续表

类型	变量名	定义
控制变量	LNSUB	(1+上市公司纳入合并报表范围子公司数目)的自然对数
	MERGE	会计师事务所经历合并为1，否则为0

3. Hausman 检验

书中所选样本为包含 2007—2013 年沪深两市 A 股上市公司的非平衡面板数据，按照影响因素分类常用的回归模型有：固定效应模型、随机效应模型和混合效应模型。为增加研究结论的稳健性，分别对模型（4.1）～（4.4）中面板数据进行 Hausman 检验以确定回归类型。结果显示，模型（4.1）～（4.4）的 Hausman 检验值均为 Prob = 0.0000 < 0.05，应该拒绝原假设，即选择固定效应模型。

4.4 实证研究

4.4.1 审计市场供需结构对审计费用的影响

1. 多元回归模型变量描述性统计

表 4.4 中 Panel A 为 186 个年度省级样本的描述性统计结果，反映省级层面会计师事务所供需的 ABTOT 指标均值为 -0.008，最大值、最小值分别为 5.595 和 -5.533，波动范围较大，且未呈现出明显的年份、地域特征，说明审计市场的供需不平衡状态在我国省域内普遍存在。Panel B 列示了与假设相关变量相关的描述性统计，各主要变量无极端值存在。

表 4.5 将会计师事务所供需不平衡变量分为正的审计会计师事务所供给（供给过剩组）和负的审计会计师事务所供给（供给不足组），并对审计市场产出变量在这两组下的均值进行了 t 检验。平均审计费用在 ABTOT 分类下的供给过剩组低于供给不足组，与 H3 预期一致，亦即当地会计师事务所供给增加将为当地审计市场引入更多的竞争，从而导致较低的审计定价。表 4.6 为重要变量的相关系数表，未经列示的 VIF 检验结果显示回归模型变量 VIF 值远小于 10，变量间无

多重共线性，样本数据符合回归要求。

表4.4 相关变量描述性统计

Panel A：省级会计师事务所供需不平衡描述性统计（$N=186$）

变量	均值	中位数	标准差	最大值	最小值
ABTOT	-0.008	-0.027	2.149	5.595	-5.533
ABBIG4	0.019	-0.046	0.930	2.647	-1.763
ABNONBIG4	0.000	-0.081	1.606	4.401	-4.845
ABNEXT6	0.006	-0.094	1.315	3.789	-3.183
ABSMALL	-0.004	0.083	0.720	2.265	-2.934

Panel B：多元回归模型主要变量描述性统计（$N=3\,847$）

变量	均值	中位数	标准差
HERF	0.185	0.143	0.109
DISTANCE	0.122	0.042	0.175
INDSPE	0.059	0.000	0.236
OWNERSHIP	0.532	1.000	0.499
LNSIZE	21.714	21.603	1.166
ATR	0.847	0.697	0.609
CR	2.137	1.381	2.682
LEV	0.476	0.483	0.225

2. 多元回归模型主假设结果分析

表4.7基于3 847个最大可用年度公司样本，检验了省级层面会计师事务所供需不平衡对于审计费用的影响。ABTOT的系数为负，说明当存在省级层面会计师事务所供需不平衡时，随着区域内会计师事务所供给的不断增加，客户支付的审计费用会减少，假设H1得以验证。分会计师事务所类型来看，随着区域内Next6及Small会计师事务所供给的增加，客户支付的审计费用显著减少，并且Next6及Small会计师事务所供给每增加1个标准单位，审计费用将分别降低1.5%和9.9%。ABBIG4呈现出与主假设检验截然相反的结果，区域内Big4会计师事务所供给每增加1个标准单位，审计费用将增加近2%，针对这一特殊现象，按会计师事务所类型对审计费用状况展开分析：在Big4会计师事务所不同来源

表 4.5 t 检验统计表

Variable	ABTOT				ABBIG4				ABNONBIG4				ABNEXT6				ABSMALL			
	<0	>0	mean dif.		<0	>0	mean dif.		<0	>0	mean dif.		<0	>0	mean dif.		<0	>0	mean dif.	
	Mean	Mean	t-stat		Mean	Mean	t-stat		Mean	Mean	t-stat		Mean	Mean	t-stat		Mean	Mean	t-stat	
LNFEE	13.414	13.368	3.09***		13.410	13.358	3.39***		13.422	13.356	4.48***		13.404	13.375	1.92*		13.421	13.353	4.60***	
N	2 919	3 338			3 806	2 451			3 198	3 059			3 182	3 075			3 388	2 869		

注：*、**、*** 分别表示 0.10、0.05 和 0.01 水平上显著，双尾检验。

表 4.6 重要变量相关系数表

	1.	2.	3.	4.	5.	6.	7.
ABTOT	1						
ABBIG4	0.482***	1					
ABNONBIG4	0.816***	0.193***	1				
ABNEXT6	0.895***	0.272***	0.856***	1			
ABSMALL	0.519***	-0.077***	0.543***	0.302***	1		
LNFEE	-0.068***	-0.095***	-0.048***	-0.059***	-0.040***	1	
HERF	0.170***	-0.383***	0.125***	0.103***	0.419***	0.047***	1

的客户中，其他 Non-Big4 会计师事务所转入客户在转入当年的审计费用增长率最高，具体为，Big4 会计师事务所对于其他 Non-Big4 会计师事务所转入客户的审计费用增长率是业务保持及其他 Big4 会计师事务所转入客户的 2~3 倍。在同等资产规模水平下，Big4 会计师事务所对于其他新增客户的审计费用是其他国内会计师事务所的 2~4 倍。考虑到 Big4 会计师事务所客户增加只存在从其他 Non-Big4 会计师事务所转入和其他新增客户这两种可能，在 Big4 会计师事务所已有客户群体的基础上，当存在新的客户选聘 Big4 会计师事务所时，将会带来审计费用的显著增加。

HERF 指数与审计费用呈现出一定的正相关关系，说明当市场越缺乏竞争时，会计师事务所越有可能增加审计费用，与前文讨论一致。DISTANCE 的系数显著为正，与 Numan 和 Willekens（2012）[83]的研究一致。INDSPE 的系数同样显著为正，与 Francis 等（2005）[81]的结论一致。分控股类型看，国有上市公司审计费用显著低于民营上市公司。模型调整后的 R 方约为 62%。

表 4.7 多元回归结果

Dep. Var.	H1		
	(1)	(2)	(3)
ABTOT	−0.007 ** (0.011)		
ABBIG4		0.022 *** (0.002)	0.019 ** (0.011)
ABNONBIG4		−0.033 *** (0.000)	
ABNEXT6			−0.015 *** (0.001)
ABSMALL			−0.099 *** (0.000)
HERF	0.093 ** (0.035)	0.178 ** (0.019)	0.296 *** (0.000)
DISTANCE	0.286 *** (0.000)	0.313 *** (0.000)	0.323 *** (0.000)
INDSPE	0.143 *** (0.000)	0.149 *** (0.000)	0.156 *** (0.000)

续表

Dep. Var.	H1		
	(1)	(2)	(3)
OWNERSHIP	-0.055***	-0.058***	-0.062***
	(0.000)	(0.000)	(0.000)
LNSIZE	0.285***	0.286***	0.287***
	(0.000)	(0.000)	(0.000)
ATR	0.036***	0.035***	0.033***
	(0.000)	(0.000)	(0.000)
CR	-0.001	-0.002	-0.002
	(0.177)	(0.142)	(0.116)
LEV	0.018*	0.019*	0.021**
	(0.083)	(0.068)	(0.047)
ROA	0.020	0.021	0.021
	(0.297)	(0.288)	(0.273)
ARAT	0.235***	0.219***	0.209***
	(0.001)	(0.003)	(0.004)
INVAT	-0.142***	-0.144***	-0.139***
	(0.003)	(0.002)	(0.003)
MB	0.018***	0.018***	0.018***
	(0.000)	(0.000)	(0.000)
AFTEN	-0.006	-0.010	-0.009
	(0.434)	(0.226)	(0.244)
LNDELAY	0.035***	0.035***	0.036***
	(0.010)	(0.009)	(0.007)
BIG4	0.565***	0.560***	0.550***
	(0.000)	(0.000)	(0.000)
LOSS	0.068***	0.066***	0.067***
	(0.000)	(0.000)	(0.000)
GC	0.101***	0.104***	0.103***
	(0.001)	(0.001)	(0.001)
FOREIGN	-0.004	-0.009	-0.008
	(0.860)	(0.709)	(0.742)

续表

Dep. Var.	H1		
	(1)	(2)	(3)
MA	0.106*** (0.001)	0.104*** (0.001)	0.108*** (0.001)
ISSUE	0.038* (0.054)	0.040** (0.038)	0.041** (0.035)
LNSUB	0.117*** (0.000)	0.115*** (0.000)	0.115*** (0.000)
MERGE	0.030 (0.114)	0.032* (0.099)	0.027 (0.158)
INTERCEPT	6.643*** (0.000)	6.583*** (0.000)	6.554*** (0.000)
行业/年度	Yes	Yes	Yes
N	3 847	3 847	3 847
Adj. R^2/ Pse. R^2	62.23%	62.64%	62.67%

注：*、**、*** 分别表示在 0.10、0.05 和 0.01 水平上显著（双尾）。

3. 多元回归模型稳健性检验

1）重新定义区域划分

参照我国常用的区域划分方法，将文中区域分类重新定义为华东、华南、华中、华北、西北、西南及东北 7 个区域，对假设 H1 模型重新进行回归分析。多元回归结果表明，各主要变量与前文主检验结果基本一致。

2）重新选择时间窗口

正如前文所述，由于审计市场处于动态均衡中，考虑到市场信息反应时滞，审计市场供需结构引发的经济后果可能需要较长时间才能显现。为了使研究结果更加稳健，将滞后一期改为滞后两期，定义审计市场产出变量选取的时间窗口为 2009—2013 年，对假设 H1 模型重新进行回归分析，与主检验结果基本一致，结论稳健可靠。表 4.8 所示为稳健性检验。

表4.8 稳健性检验

Dep. Var.	重分区域			滞后两期		
	(1)	(2)	(3)	(4)	(5)	(6)
ABTOT	-0.004 (0.137)			-0.008*** (0.003)		
ABBIG4		0.019** (0.015)	0.018** (0.035)		0.031*** (0.000)	0.027*** (0.007)
ABNONBIG4		-0.024*** (0.000)			-0.028*** (0.000)	
ABNEXT6			-0.012** (0.018)			-0.020*** (0.005)
ABSMALL			-0.077*** (0.000)			-0.120*** (0.022)
HERF	-0.060 (0.421)	0.021 (0.795)	0.107 (0.201)	0.218*** (0.079)	0.222*** (0.004)	0.571*** (0.097)
DISTANCE	0.380*** (0.000)	0.398*** (0.000)	0.405*** (0.000)	0.274*** (0.052)	0.379*** (0.000)	0.286*** (0.052)
INDSPE	0.105*** (0.000)	0.113*** (0.000)	0.119*** (0.000)	0.157*** (0.029)	0.093*** (0.003)	0.158*** (0.029)
OWNERSHIP	-0.044*** (0.001)	-0.048*** (0.000)	-0.053*** (0.000)	0.319*** (0.007)	-0.060*** (0.000)	0.322*** (0.006)
LNSIZE	0.282*** (0.000)	0.284*** (0.000)	0.283*** (0.000)	0.042*** (0.010)	0.293*** (0.000)	0.038*** (0.010)
ATR	0.033*** (0.000)	0.032*** (0.000)	0.032*** (0.000)	-0.001 (0.001)	0.044*** (0.000)	-0.001 (0.001)
CR	-0.002 (0.138)	-0.002 (0.119)	-0.002 (0.107)	0.026* (0.015)	-0.000 (0.723)	0.028* (0.015)
LEV	0.023** (0.024)	0.024** (0.021)	0.025** (0.015)	0.043 (0.028)	0.011 (0.112)	0.043 (0.028)
ROA	0.027 (0.159)	0.027 (0.153)	0.028 (0.141)	0.324*** (0.076)	0.089** (0.018)	0.293*** (0.075)
ARAT	0.206*** (0.003)	0.205*** (0.003)	0.198*** (0.004)	-0.068 (0.052)	0.269*** (0.000)	-0.072 (0.051)

续表

Dep. Var.	重分区域			滞后两期		
	(1)	(2)	(3)	(4)	(5)	(6)
INVAT	-0.118***	-0.121***	-0.121***	0.021***	-0.129**	0.021***
	(0.001)	(0.001)	(0.001)	(0.005)	(0.011)	(0.005)
MB	0.020***	0.020***	0.019***	0.005	0.020***	0.002
	(0.000)	(0.000)	(0.000)	(0.008)	(0.000)	(0.008)
AFTEN	-0.008	-0.012	-0.011	0.047**	-0.016*	0.049***
	(0.295)	(0.145)	(0.176)	(0.016)	(0.058)	(0.016)
LNDELAY	0.032**	0.033**	0.034***	-0.001	0.009	-0.001
	(0.016)	(0.013)	(0.009)	(0.001)	(0.552)	(0.001)
BIG4	0.542***	0.540***	0.533***	0.006	0.602***	0.005
	(0.000)	(0.000)	(0.000)	(0.016)	(0.000)	(0.016)
LOSS	0.071***	0.069***	0.069***	-0.126	0.064***	-0.142
	(0.000)	(0.000)	(0.000)	(0.149)	(0.001)	(0.148)
GC	0.128***	0.130***	0.127***	0.678**	0.091***	0.657**
	(0.000)	(0.000)	(0.000)	(0.032)	(0.006)	(0.031)
FOREIGN	-0.003	-0.005	-0.003	0.060**	-0.008	0.060**
	(0.898)	(0.838)	(0.888)	(0.017)	(0.747)	(0.017)
MA	0.115***	0.113***	0.114***	0.109**	0.150***	0.113**
	(0.000)	(0.000)	(0.000)	(0.036)	(0.000)	(0.036)
ISSUE	0.036*	0.037*	0.038**	-0.013	0.030	-0.016
	(0.064)	(0.052)	(0.048)	(0.024)	(0.135)	(0.024)
LNSUB	0.121***	0.119***	0.119***	0.095**	0.114***	0.099**
	(0.000)	(0.000)	(0.000)	(0.036)	(0.000)	(0.035)
MERGE	0.022	0.023	0.021	0.028	0.008	0.033
	(0.258)	(0.227)	(0.265)	(0.022)	(0.662)	(0.021)
INTERCEPT	6.496***	6.427***	6.455***	5.934***	6.526***	5.798***
	(0.000)	(0.000)	(0.000)	(0.175)	(0.000)	(0.175)
行业/年度	Yes	Yes	Yes	Yes	Yes	Yes
N	3 847	3 847	3 847	3 847	3 847	3 847
Adj. R^2/ Pse. R^2	63.23%	63.45%	63.49%	60.00%	61.42%	60.40%

注：*、**、***分别表示在 0.10、0.05 和 0.01 水平上显著（双尾）。

4.4.2 审计市场供需结构对审计质量的影响

1. 多元回归模型变量描述性统计

表4.9中Panel A同前节,在此不再赘述。Panel B给出了回归模型相关变量的描述性统计,各主要变量无极端值存在。

表4.9 相关变量描述性统计

Panel A:省级会计师事务所供需不平衡描述性统计($N=186$)					
变量	均值	中位数	标准差	最大值	最小值
ABBIG4	0.019	−0.046	0.930	2.647	−1.763
ABNEXT6	0.006	−0.094	1.315	3.789	−3.183
ABSMALL	−0.004	0.083	0.720	2.265	−2.934
Panel B:多元回归模型相关变量描述性统计					
$N=4615$					
变量	均值	中位数	标准差	变量	均值	中位数	标准差
MAO	0.050	0.000	0.219	ARAT	0.094	0.071	0.087
EFFORT	3.263	3.401	0.794	INVAT	0.186	0.145	0.158
HERF	0.185	0.143	0.109	MB	1.996	1.616	1.206
DISTANCE	0.122	0.042	0.175	AFTEN	1.490	1.609	0.767
INDSPE	0.059	0.000	0.236	LNDELAY	4.418	4.466	0.323
OWNERSHIP	0.532	1.000	0.499	LOSS	0.173	0.000	0.378
LNSIZE	21.714	21.603	1.166	FOREIGN	0.066	0.000	0.247
ATR	0.847	0.697	0.609	MA	0.034	0.000	0.180
CR	2.137	1.381	2.682	ISSUE	0.103	0.000	0.304
LEV	0.476	0.483	0.225	LNSUB	2.030	2.079	0.982
ROA	0.065	0.054	0.081	MERGE	0.124	0.000	0.330

表4.10将会计师事务所供需不平衡变量分为正的审计会计师事务所供给

（供给过剩组）和负的审计会计师事务所供给（供给不足组），并对审计市场产出变量在这两组下的均值进行了 t 检验，对审计质量替代变量在这两组下的均值进行了 t 检验。根据 MAO 的 t 检验结果，除 ABSMALL 外，审计质量在其余 4 种状态分类下并没有显著差异。此外，表 4.11 为重要变量的相关系数表，未经列示的 VIF 检验结果显示回归模型变量 VIF 值远小于 10，表明变量间不存在多重共线性问题，样本数据符合回归要求。

2. 多元回归模型主假设结果分析

表 4.12 给出了 2007—2013 年基于 4 615 个年度公司样本得到的省级层面会计师事务所供需不平衡对于审计质量影响的实证分析结果。第 1 列回归结果中 ABBIG4 和 ABNEXT6 的系数显著为正，说明当存在省级层面会计师事务所供需不平衡时，随着区域内 Big4 及 Next6 会计师事务所供给的增加，会计师事务所倾向于出具非标准审计意见；ABSMALL 的系数显著为负，说明当存在省级层面会计师事务所供需不平衡时，随着区域内 Small 会计师事务所供给的增加，会计师事务所出具非标准审计意见的可能性降低，验证了假设 H2 中的预测，即中小型会计师事务所为了赢得竞争，争取市场份额，会避免出具非标准的审计意见。第 2 列回归结果中 ABBIG4 和 ABNEXT6 的系数显著为正，说明 Big4 及 Next6 会计师事务所审计投入随着区域内 Big4 及 Next6 会计师事务所供给的增加而显著提升；ABSMALL 的系数显著为负，说明 Small 会计师事务所审计投入随着区域内 Small 会计师事务所供给的增加而显著下降，假设 H3a 得以验证。第 3 列回归结果中 EFFORT 系数显著为正，说明审计投入在会计师事务所供给与审计质量间确实起到中介作用，从会计师事务所类型看，ABBIG4 系数不显著，而 ABNEXT6 和 ABSMALL 依然显著，说明审计投入在 Big4 会计师事务所供给对审计质量的影响中发挥了完全中介效应，在 Next6 和 Small 会计师事务所供给对审计质量的影响中发挥了部分中介效应。在控制变量中，OWNERSHIP 的系数显著为负，说明会计师事务所对国有企业并不倾向于出具非标准审计意见。LEV、LOSS 的系数显著为正，说明对于杠杆比率越高、出现亏损的上市公司，会计师事务所越倾向于出具非标准的审计意见。

表 4.10 t 检验统计表

Variable	ABBIG4			ABNEXT6			ABSMALL		
	<0 Mean	>0 Mean	mean dif. t-stat	<0 Mean	>0 Mean	mean dif. t-stat	<0 Mean	>0 Mean	mean dif. t-stat
MAO	0.047	0.057	-1.49	0.052	0.049	0.50	0.057	0.044	2.00*
N	2 886	1 729		2 046	2 569		2 399	2 216	

注：*、**、*** 分别表示在 0.10、0.05 和 0.01 水平上显著，双尾检验。下同

表 4.11 重要变量相关系数表

	1.	2.	3.	4.	5.	6.	7.	8.
ABBIG4	1							
ABNEXT6	0.263***	1						
ABSMALL	-0.020	0.235***	1					
MAO	0.025**	0.006**	-0.142***	1				
EFFORT	0.089***	0.084***	-0.102***	0.0210***	1			
HERF	-0.349***	0.057***	0.317***	-0.049***	0.145	1		
DISTANCE	-0.247***	0.041**	0.243***	-0.052***	-0.114	0.539***	1	
INDSPE	-0.191***	0.022	0.204***	-0.036**	-0.097	0.301***	0.456***	1

表 4.12 多元回归结果

Dep. Var.	H2 (1)	H3a (2)	H3b (3)
ABBIG4	0.185* (1.7144)	0.016** (2.3621)	0.005 (0.9837)
ABNEXT6	0.153** (2.2066)	0.030*** (3.3012)	0.006** (2.1325)
ABSMALL	-1.165*** (-9.9540)	-0.033* (-1.7829)	-0.076*** (-5.3301)
EFFORT			0.003** (2.3099)
HERF	0.137 (0.1289)	0.408 (1.6479)	0.010 (0.2122)
DISTANCE	0.620 (0.7475)	-0.313 (-0.8837)	0.007 (0.2341)
INDSPE	-0.383 (-0.6380)	-0.231 (-0.5082)	-0.001 (-0.0327)
OWNERSHIP	-0.292** (-2.1560)	-0.087*** (-3.5441)	-0.037*** (-7.8290)
LNSIZE	0.023 (0.2212)	0.127*** (15.5441)	-0.011** (-2.3808)
ATR	-0.335* (-1.7592)	0.041** (2.4208)	-0.005 (-0.8781)
CR	-0.107 (-1.4487)	-0.003 (-0.7226)	-0.005*** (-4.3530)
LEV	0.268** (2.3267)	0.009 (0.7079)	0.022*** (8.8830)
ROA	-0.329 (-1.2455)	0.054 (0.9837)	-0.032* (-1.9111)
ARAT	-0.632 (-0.5431)	-0.181 (-1.1519)	-0.171*** (-3.5441)
INVAT	-0.395 (-0.6333)	-0.152 (-1.5410)	-0.042 (-1.3544)

续表

Dep. Var.	H2	H3a	H3b
	(1)	(2)	(3)
MB	-0.070**	-0.002	0.004
	(-2.2280)	(-0.2602)	(1.4102)
AFTEN	0.151	0.012	-0.006
	(1.3025)	(0.7292)	(-1.0719)
LNDELAY	0.174	0.013	0.017
	(0.8432)	(0.3394)	(1.4560)
LOSS	0.861***	0.102***	0.132***
	(8.3739)	(3.1554)	(5.7422)
FOREIGN	-0.255	-0.077	-0.031*
	(-0.6012)	(-1.4380)	(-1.8816)
MA	-0.179	0.057	0.022
	(-0.4140)	(0.8651)	(1.0563)
ISSUE	-0.267	-0.012	-0.001
	(-0.6789)	(-0.2956)	(-0.0504)
LNSUB	-0.270***	0.141***	-0.010**
	(-2.7424)	(3.2956)	(-2.1806)
MERGE	-0.025	-0.074*	-0.009
	(-0.0820)	(-1.8888)	(-0.7358)
INTERCEPT	-4.405*	0.054	0.331***
	(-1.7951)	(0.1442)	(2.9669)
行业/年度	Yes	Yes	Yes
N	4 615	3 140	3 140
Adj. R^2/ Pse. R^2	42.91%	25.81%	17.47%

注：*、**、***分别表示在 0.10、0.05 和 0.01 水平上显著（双尾）。

3. 多元回归模型稳健性检验

1) 重新选择时间窗口

为使研究结果更加稳健，将滞后一期改为滞后两期，定义审计市场产出变量选取的时间窗口为 2009—2013 年，对假设 H2、H3a 及 H3b 模型重新进行回归分析，结果见表 4.13 中第 (1) ~ (3) 列数据。在假设 H3b 的稳健性检验结果中，审计投入代理变量（EFFORT）的系数由主检验结果中显著为正变为显著为负，书中认为出现这一差异的原因可能在于：①样本量大幅减少：滞后两期的研究设计虽然能够更好地观察到审计市场供求关系的长期影响，但时间窗口的改变导致样本数量大幅减少（由 3 140 减少到 1 966），可能对最终的检验结果产生一定影响；②审计投入的中介作用更多地体现在当期：从滞后两期的稳健性检验结果看，H2 和 H3a 均与主检验结果一致，反映了审计市场供需结构的长期效应存在，但由于审计投入的直接作用对象是当期财务报表（例如，2007 年度审计投入直接影响 2008 年财务报表审计结果），对后一期财务报表的作用可能受到其他因素的影响，导致滞后两期下审计投入中介作用结果发生改变。除此之外，其余结果与前文主检验结果基本一致。

2) 使用财务重述作为审计质量的替代变量

借鉴 Newton 等[112]的研究经验，书中改用财务重述作为审计质量的替代变量，并定义为：若观察期内样本公司的财务报告在披露之后出现重述，则取值为 1，否则为 0。构建模型对假设 H2、H3a 及 H3b 重新进行回归分析，结果见表 4.13 中第（4）~（6）列数据。在假设 H2 的稳健性检验结果中，反映 Next6 会计师事务所供需不平衡对审计质量影响的代理变量（ABNEXT6）虽然符号为正，但并不显著，书中认为出现这一差异的原因可能在于：发生财务重述公司样本过少，其他干扰因素噪声太大（在全部 4 615 个年度公司样本中，发生财务重述的样本仅有 182 个，占比不到 4%）。除此之外，其余结果与前文主检验结果基本一致，审计投入（EFFORT）代理变量的系数显著为正，与主检验结果一致，说明审计投入在会计师事务所供给与审计质量间发挥了中介作用，进一步证实了书中的研究结论。

表 4.13　稳健性检验

Dep. Var.	滞后两期			财务重述作为审计质量的替代变量		
	(1)	(2)	(3)	(4)	(5)	(6)
ABBIG4	0.182* (1.833 4)	0.028** (2.663 5)	0.005 (0.699 8)	0.008** (2.629 0)	0.016** (2.362 1)	0.008** (2.629 0)

续表

Dep. Var.	滞后两期			财务重述作为审计质量的替代变量		
	(1)	(2)	(3)	(4)	(5)	(6)
ABNEXT6	0.198*** (3.1554)	0.044*** (3.2099)	0.012*** (3.3012)	0.004 (0.0088)	0.030*** (3.3012)	0.000 (0.0075)
ABSMALL	-1.126*** (-2.7531)	-0.074** (-2.5392)	-0.106*** (-3.1449)	-0.014** (-2.0991)	-0.033* (-1.7829)	-0.004 (-0.6981)
EFFORT			-0.007* (-1.9925)			0.001* (1.7144)
HERF	1.247 (1.2678)	0.408 (0.4882)	0.021 (0.3568)	-0.011 (-0.3622)	0.408 (1.6479)	-0.011 (-0.3501)
DISTANCE	0.527 (0.7128)	0.520 (1.4487)	-0.057 (-1.4345)	0.015 (0.7210)	-0.313 (-0.8837)	0.015 (0.7375)
INDSPE	0.099 (0.1698)	0.210 (0.2096)	0.039 (1.5128)	-0.009 (-0.7095)	-0.231 (-0.5082)	-0.009 (-0.6917)
OWNERSHIP	-0.155 (-0.8688)	-0.111*** (-3.5441)	-0.047*** (-3.1660)	0.004 (0.7441)	0.087*** (3.5441)	0.004 (0.7292)
LNSIZE	0.013 (0.1353)	0.131*** (5.2187)	-0.005 (-0.8288)	0.003 (1.1158)	0.127*** (5.0148)	0.003 (1.0431)
ATR	-0.353* (-1.9035)	0.040* (1.8076)	-0.008 (-1.1569)	-0.002 (-0.4655)	0.041** (2.4208)	-0.002 (-0.4768)
CR	0.003 (0.1531)	-0.011 (-1.3388)	-0.009*** (-3.5441)	0.001 (0.5906)	-0.003 (-0.7226)	0.001 (0.5951)
LEV	0.260*** (2.7011)	-0.009 (-0.5460)	0.017*** (3.5441)	0.005* (1.9342)	0.009 (0.7079)	0.005* (1.9264)
ROA	-0.069 (-0.2864)	0.172** (2.3621)	-0.003 (-0.1290)	0.013 (1.1495)	0.054 (0.9837)	0.013 (1.1446)
ARAT	-1.703 (-1.5618)	0.018 (0.0883)	-0.189*** (-2.9669)	0.052 (1.5661)	-0.181 (-1.1519)	0.052 (1.5704)
INVAT	0.005 (0.0088)	-0.034 (-0.2667)	0.019 (0.4726)	-0.007 (-0.3555)	-0.152 (-1.5410)	-0.007 (-0.3515)
MB	-0.070** (-2.1681)	0.021* (1.7769)	0.004 (0.9513)	-0.001 (-0.5741)	-0.002 (-0.2602)	-0.001 (-0.5726)

续表

Dep. Var.	滞后两期			财务重述作为审计质量的替代变量		
	(1)	(2)	(3)	(4)	(5)	(6)
AFTEN	0.168 (1.596 7)	-0.005 (-0.239 3)	0.003 (0.404 4)	0.003 (0.830 6)	0.012 (0.729 2)	0.003 (0.823 4)
LNDELAY	0.310 (1.448 7)	0.015 (0.314 1)	0.039** (2.663 5)	-0.001 (-0.181 3)	0.013 (0.339 4)	-0.001 (-0.185 1)
LOSS	0.870*** (2.894 0)	0.092** (2.248 2)	0.125*** (3.044 1)	0.035*** (2.914 9)	0.102*** (3.155 4)	0.035*** (2.914 8)
FOREIGN	-0.085 (-0.236 7)	-0.173** (-2.596 9)	-0.027 (-1.179 4)	-0.011 (-1.002 4)	-0.077 (-1.438 0)	-0.011 (-0.994 1)
MA	-0.703 (-1.489 5)	-0.228*** (-2.898 2)	-0.040 (-1.516 7)	-0.017 (-1.251 0)	0.057 (0.865 1)	-0.017 (-1.253 8)
ISSUE	-0.326 (-0.941 4)	0.027 (0.528 5)	-0.018 (-1.071 9)	0.004 (0.468 3)	-0.012 (-0.295 6)	0.004 (0.466 9)
LNSUB	-0.158* (-1.725 3)	0.137*** (3.077 6)	-0.015** (-2.539 2)	0.000 (0.876 2)	0.141*** (3.186 6)	0.000 (0.898 8)
MERGE	0.070 (0.273 2)	-0.009 (-0.186 4)	0.011 (0.734 2)	-0.001 (-0.094 7)	-0.074* (-1.888 8)	-0.001 (-0.087 1)
INTERCEPT	-4.675** (-2.114 3)	-0.205 (-0.432 0)	0.164 (1.067 4)	-0.018 (-0.232 8)	0.054 (0.144 2)	-0.018 (-0.226 4)
行业/年度	Yes	Yes	Yes	Yes	Yes	Yes
N	4 259	1 966	1 966	4 615	3 140	3 140
Adj. R^2 / Pse. R^2	27.77%	26.76%	19.18%	11.82%	25.81%	10.79%

注：*、**、*** 分别表示在 0.10、0.05 和 0.01 水平上显著（双尾）。

4.5 本章小结

承上一章节，在探讨我国省级层面审计市场供需结构对会计师事务所选聘影响之后，将研究视角往审计链条的后端推进，实证检验审计市场供需不平衡对会计师事务所审计行为的影响，具体包括对审计费用和审计质量的影响。本章节以

2007—2013 年沪深两市 A 股上市公司年度数据为样本，实证检验我国省级层面审计市场供需结构对审计费用及审计质量的影响，并利用审计工时数据研究探索审计市场供需结构对审计质量的影响作用机制。结果表明：①当存在省级层面会计师事务所供需不平衡时，Big4、Next6 及 Small 会计师事务所供给每增加 1 个标准单位，审计费用将分别增加近 2%、降低 1.5% 和降低 9.9%；②剔除会计师事务所合并因素后，随着 Big4 及 Next6 会计师事务所供给的增加，会计师事务所出具非标准审计意见的可能性升高，随着 Small 会计师事务所供给的增加，会计师事务所出具非标准审计意见的可能性降低；③审计投入在会计师事务所供给与审计质量间起中介作用，具体而言，审计投入在 Big4 会计师事务所供给对审计质量的影响中发挥了完全中介效应，在 Next6 和 Small 会计师事务所供给对审计质量的影响中发挥了部分中介效应。

第 5 章

上市公司与会计师事务所匹配度的选聘影响研究

全面研究我国上市公司与会计师事务所间聘用关系，不仅需要探究上市公司与会计师事务所选聘行为相关影响因素，还需分析上市公司与会计师事务所不同聘用关系下的审计后果。根据第 2 章博弈演化机理，上市公司与会计师事务所为了谋求自身利益最大化，在选聘及审计过程中会选择不同的行动策略，对应不同的审计后果，例如，在｛舞弊，合谋｝策略下，上市公司及会计师事务所获取违规收益，审计质量受损。本章节通过引入上市公司与会计师事务所匹配度的概念，对上市公司与会计师事务所聘用关系进行刻画，据此研究其对选聘结果的影响，具体包括对审计费用及审计质量的影响。

5.1 上市公司与会计师事务所匹配度的选聘影响概述

作为连接公司内部与外部投资者的重要纽带，独立审计被称为是一盏重要的传递公司财务状况的"信号灯"，也是把控资金安全的"守门人"。随着 2001 年美国安然事件的发生及安达信的轰然倒塌，审计独立性被推至风口浪尖，美国随即颁布萨班斯法案（Sarbanes – Oxley Act of 2002），力求规范外部审计师的执业操守，该法案第 203 条规定：负责某公司审计项目的合伙人或负责复核该审计项目的合伙人须以 5 年为限进行轮换。我国也于 2003 年发布了《关于证券期货审计业务签字注册会计师定期轮换的规定》，明确提出签字注册会计师连续为某一相关机构提供审计服务不得超过 5 年,以避免上市公司与会计师事务所合谋。近年来,大量的研究集中讨论上述政策法规的实施效果,包括其对审计独立性、审计质量可能产生的影响[3][5]。然而,除了政策因素和监管要求外,原有上市公司与会计师事务所聘用关系的匹配程度是否会对现有审计费用及审计质量产生影响,仍然是有待实证检验的问题。

与此同时,审计费用与审计质量相关研究一直是学者及实务工作者讨论的热点,前者是对与审计工作相关资源消耗及面临风险的报酬和补偿,后者则反映了审计工作的成效及质量,二者共同构成了审计工作的外在结果。Simunic(1980)运用多元回归分析考察了 10 个影响审计费用的因素[80],从而奠定了审计费用实证分析基础,此后,不断有新的变量被引入以修正模型,有关审计定价的研究也日臻完善。Watts 等(1983)将审计质量定义为审计师发现并报告客户财务报告错误的联合概率[93]。此后,大量的研究基于个体会计师事务所层面及客户自身特征,观察影响审计师提供高质量审计服务动机及能力的因素,目前有关审计质量影响因素的研究也较为成熟。

近年来,有国外学者从上市公司与会计师事务所聘用关系的角度出发,研究由于强制轮换导致上市公司与会计师事务所聘用关系改变对于审计质量可能产生的影响,但是,研究背景变化后,相关方法的适用性不得而知。作为审计研究的核心内容,审计费用及审计质量除了受客户自身因素影响外,也会受到上市公司与会计师事务所聘用关系的影响,但相关研究较少,结论也并未统一,鲜有文章对其内在的作用机理展开深入讨论[11][55][170]。

本章节着眼于审计业务流程的中后端,通过构建上市公司与会计师事务所匹配度测算模型,对我国现有上市公司与会计师事务所匹配关系进行测度,同时对双方匹配度的选聘影响进行实证研究,包括对审计费用及审计质量的影响。

5.2 上市公司与会计师事务所匹配度测算

5.2.1 上市公司与会计师事务所匹配度概念界定

市场竞争的加剧致使会计师事务所不断寻求自身的竞争优势,并通过提高对某些特定行业客户服务的专业性树立自身的市场品牌[10],这意味着会计师事务所会根据发展阶段的不同调整目标客户群结构。这种调整可能源自会计师事务所内部,如成立新的业务部门或对收入成本结构产生新的要求等,是一种主动调整;但调整也可能来自外部,客户审计需求发生改变、市场中新的会计师事务所进入或者原有会计师事务所退出等,后者则属于被动调整[11]。Bills(2012)认为规模较大的会计师事务所的客户群特征会显著区别于规模较小的会计师事务所,当出现上市公司与会计师事务所选择调整时,上市公司与会计师事务所不匹配现象极易出现,具体为:当市场中规模较大的会计师事务所承接了原本应由规模较小的会计师事务所服务的客户,则认为出现了上市公司与会计师事务所向上的不匹配;而当市场中规模较小的会计师事务所承接了原本应由规模较大的会计师事务所服务的客户,则出现了上市公司与会计师事务所向下的不匹配[12]。Callen 和 Fang(2012)从客户关系视角,研究审计师任期对于 Big4 会计师事务所客户未来股价下跌风险的影响,结果表明审计师任期与 Big4 会计师事务所客户未来 1 年内股价下跌风险成反比,为上市公司与 Big4 会计师事务所稳定合作关系提供了经验证据[171]。Bennett 和 Hatfield(2013)通过问卷调查及实验的方式考察了审计合伙人同客户管理层在经验、年龄、会计知识等领域的不匹配对于审计师认知及审计决策的影响,发现审计师与客户管理层社会资源的不匹配确会对审计证据的收集及审计质量产生影响[172]。许浩然等(2017)从审计师与客户长期关系的视角出发,对审计师强制轮换与审计质量之间的关系进行了探讨,发现对于财务状况较差的公司,若审计师与客户之间不存在长期关系,则强制轮换后的审计质量显著提高,若审计师与客户之间存在长期关系,则强制轮换后审计质量的提高被弱化[173]。

通过对我国会计师事务所上市公司客户的结构分析(见图 5.1 及表 5.1)发现,Big4 会计师事务所客户是显著区别于其他类型会计师事务所客户的一个相对固定的群体。书中选取 Big4 会计师事务所作为判定是否出现上市公司与会计师事务所不匹配的参照组,具体为:当潜在的 Big4 会计师事务所客户选择 Non-Big4 会计师事务所时,定义为上市公司与会计师事务所向下的不匹配;而当潜在的 Non-Big4 会计师事务所客户选择 Big4 会计师事务所时,定义为上市公司与会计师事务所向上的不匹配。

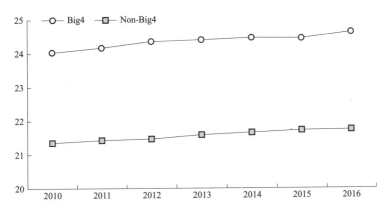

图 5.1　2010—2016 年会计师事务所客户平均资产规模变动

表 5.1　Big4 会计师事务所客户构成

单位：个

项目	2011	2012	2013	2014	2015	2016
客户总数	150	155	155	158	160	162
其中：业务保持	125	136	128	130	138	135
其他 Big4 转入	5	8	20	20	12	15
其他 Non-Big4 转入	13	5	5	5	8	9
其他新增客户	7	6	2	3	2	3

5.2.2　上市公司与会计师事务所匹配度测算模型

Shu（2000）认为公司现在及未来一段时期内的审计需求主要取决于其目前的运营状况和财务活动[11]。选取表征公司经营状况及财务活动的相关指标，构建如下二元逻辑回归模型，变量定义如表 5.2 所示。

$$\text{BIG4} = \alpha_0 + \alpha_1 \text{LNSIZE} + \alpha_2 \text{ATURN} + \alpha_3 \text{CR} + \alpha_4 \text{LEV} + \alpha_5 \text{ROA} + \text{Industry and Year dummies} \tag{5.1}$$

在式（5.1）中，因变量 BIG4 在客户选聘 Big4 会计师事务所时为 1，否则为 0。模型通过对全部 11 896 个公司年度样本数据进行估计，模型估计系数与每个公司年度变量值可获取对于因变量的一个拟合值，即为该公司选聘 Big4 会计师事务所的估计概率（记为 Probbig4）。选择最佳的临界概率以便使一类和二类错误的总和最小，如果客户选择 Big4 会计师事务所的估计概率在最佳临界值以上，则该客户被认为是潜在的 Big4 会计师事务所客户；如果客户选择 Big4 会计师事务所的估计概率等于或在最佳临界值以下，则该客户被认为是潜在的 Non-Big4 会计师事务所客户。每个客户的期望选择与实际选择相对比即可得到上市公司与会计师事务所匹配度变量（MISMATCH/ MISDOWN/ MISUP），具体取值如表 5.3 所示。

表 5.2 上市公司与会计师事务所匹配度测算模型变量定义

变量名	定义
MISMATCH	当上市公司与会计师事务所出现不匹配关系时为 1，否则为 0
MISDOWN	潜在的 Big4 会计师事务所客户选择 Non-Big4 会计师事务所时为 1，否则为 0
MISUP	潜在的 Non-Big4 会计师事务所客户选择 Big4 会计师事务所时为 1，否则为 0
BIG4	选聘 Big4 会计师事务所为 1，否则为 0
LNSIZE	上市公司总资产的自然对数
ATURN	总资产周转率 = 销售收入与期初总资产之比
CR	流动比率 = 流动资产与流动负债之比
LEV	杠杆比率 = 总负债与总资产之比
ROA	总资产收益率 = 净利润与总资产之比

表 5.3 上市公司与会计师事务所匹配度取值

BIG4	Probbig4	MISMATCH	MISDOWN	MISUP
1	≤临界概率	1	0	1
0	>临界概率	1	1	0
1	>临界概率	0	0	0
0	≤临界概率	0	0	0

5.3 上市公司与会计师事务所匹配度的选聘影响基本假设

5.3.1 对审计费用的影响

已有大量研究探讨了审计费用的决定因素。Simunic（1980）运用多元回归分析考察了 10 个影响审计费用的因素[80]，从而奠定了审计费用实证分析基础，并且首次指出审计定价包括审计资源成本和风险溢价两部分，其中风险溢价主要用以补偿会计师事务所可能面临的各种风险，诸如诉讼风险和名誉损坏风险。此后，不断有新的变量被引入以修正模型，有关审计定价的研究也日臻完善。近年来，许多研究从地区层面或者产业层面的因素出发，研究审计师个体差异对于审计费用的影响，例如，Francis 等（2005）以美国选聘 Big5 审计师的上市公司为样本，发现具备国家及都市层面行业专长的审计师会收取费用溢价[81]；类似地，Numan 和 Willekens（2011）研究审计师行业专业化及审计师空间竞争对于审计定价的影响，并发现审计费用随着现任审计师审计市场份额与其最接近竞争者市场份额差距的增大而提高[83]。也有学者从审计市场结构的视角出发，研究市场集中度对于审计费用的影响，但相关研究结论并不一致[133][134]。

此外，国内相关学者从我国审计市场中不同类型会计师事务所的收费结构出发，研究发现 Big4 会计师事务所通过国际品牌声誉为其带来了较大的费用溢价，审计费用显著高于国内其他审计会计师事务所[88][146]。为了说明我国审计市场的收费结构，选取 2010—2016 年上市公司数据，并按会计师事务所类型分为 Big4 会计师事务所和 Non-Big4 会计师事务所，分别计算其相对于客户资产增长率的审计费用增长率（见图 5.2），可以看出，Big4 会计师事务所客户审计费用增长率显著高于 Non-Big4 会计师事务所客户，与相关研究结论一致。

因此，无论会计师事务所出于主动或者被动的调整，当上市公司与会计师事务所间正常的聘用关系被打破时，审计市场中正常的收费结构也将被改变。具体为：当潜在的 Big4 会计师事务所客户选择 Non-Big4 会计师事务所时，Big4 会计

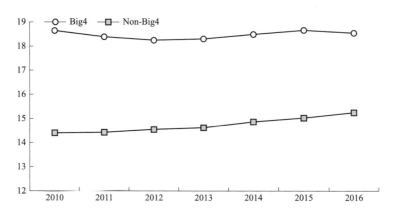

图 5.2　2010—2016 年会计师事务所费用增长率与资产增长率比值

师事务所对该客户可能的费用溢价将消失，客户将能够通过相对较低的审计费用获取相应的审计服务；相反地，当潜在的 Non-Big4 会计师事务所客户选择 Big4 会计师事务所时，客户将不得不在原有收费水平上承受 Big4 会计师事务所对其收费的费用溢价，从而导致审计费用的上升，据此：

H1：控制其他因素的影响，上市公司与会计师事务所之间的不匹配关系会影响审计费用。

H1a：控制其他因素的影响，上市公司与会计师事务所向下的不匹配与审计费用负相关，向上的不匹配与审计费用正相关。

5.3.2　对审计质量的影响

Watts 等（1983）将审计质量定义为审计师发现并报告客户财务报告错误的联合概率[93]，这一定义包括了审计师的胜任能力和独立性两个方面。此后，大量的研究基于个体会计师事务所层面及客户自身特征，观察影响会计师事务所审计质量及审计动机的相关因素，目前有关审计质量影响因素的研究较为成熟[3]。近年来，也有相关学者从审计市场供求的角度研究审计市场集中度对于审计质量的影响。Kallapur 等（2010）使用审计质量的不同代理变量，发现美国大都市地区审计市场集中度与审计质量呈现正相关关系[110]，Newton 等（2013）发现类似结果[112]。与此相反，Boone 等（2012）发现伴随着审计市场集中度的提高会带来审计质量的下降[111]。刘明辉等（2003）从我国审计市场集中度的视角出发，研究其对审计质量的影响，发现我国审计市场集中度与审计质量之间呈现倒 U 形的函数关系，并认为有必要构造"寡占型"的上市公司审计市场供求来提高审计质量和会计师事务所的国际竞争力[113]。

Defond 等（2014）认为会计师事务所提供的审计服务是一项经济产物，其质量高低由客户需求和会计师事务所供给共同决定，其中客户需求的动机主要来源于代理问题及监管要求，会计师事务所则受制于独立性要求，提升审计质量的动机主要包括声誉、诉讼风险及监管压力[3]。张敏等（2012）基于 2002—2009 年我国制造业上市公司财务数据，实证检验了公司供应商集中度连同客户集中度对管理层审计师选聘决策的影响，发现管理层会通过选聘高质量的审计师向外界发送信号，换言之，审计信号理论对于投资者之外的利益相关者同样适用[46]。国内外众多学者的研究表明，Big4 与 Non-Big4 会计师事务所的审计质量存在显著差异，聘请 Big4 会计师事务所审计公司的盈余信息质量更高。Big4 与 Non-Big4 会计师事务所审计质量的市场认同度也存在差异，Big4 会计师事务所的市场认同度更高[143][145]。

上市公司面临财务风险时，会产生盈余管理的需求[11]。当上市公司管理层迫于业绩压力进行盈余管理活动时，Big4 会计师事务所出于审计独立性和高质量执业水平的要求，为了维护其行业声誉和地位，将会对公司的盈余管理行为采取低容忍态度。在此情况下，为了满足公司董事及外部投资者的回报要求，上市公司将会退而求其次选择审计质量较低的 Non-Big4 会计师事务所。对于 Non-Big4 会计师事务所而言，当上市公司愿意支付的审计费用达到或者超出审计师甘愿冒险的程度时，会计师事务所将会对客户盈余管理行为有较高容忍程度并可能出具夹杂会计师事务所倾向性的审计意见，从而损害审计质量。另外，从会计师事务所提供审计服务的能力出发，当 Big4 会计师事务所出现"闲置"服务能力时，作为理性的经济主体，Big4 会计师事务所将会主动出击、承揽客户，从而选择接受那些原来应当由 Non-Big4 会计师事务所进行审计的上市公司。此时，审计市场中正常的上市公司与会计师事务所聘用关系的调整是会计师事务所主动选择的，在与 Big4 会计师事务所形成匹配关系的客户群不能够发挥其全部经济效用时，Big4 会计师事务所也会选择接受那些规模较小的上市公司。考虑到 Big4 会计师事务所相较于 Non-Big4 会计师事务所拥有更高的审计质量，当潜在的 Non-Big4 会计师事务所客户选择 Big4 会计师事务所时，客户的审计质量将会有所提升，据此：

H2：控制其他因素的影响，上市公司与会计师事务所之间的不匹配关系会影响审计质量；

H2a：控制其他因素的影响，上市公司与会计师事务所向下的不匹配与审计质量负相关，向上的不匹配与审计质量正相关。

5.4 研究设计及模型构建

5.4.1 样本选择和数据来源

自 2007 年起我国新会计准则颁布实施，为了保持数据的一致性，本研究以 2007 年 1 月 1 日作为数据搜集的初始点，选取 2007—2016 年沪深两市 A 股上市公司作为研究对象，并按下列标准进行样本筛选：①剔除金融、保险行业上市公司；②剔除 ST 上市公司；③剔除变量数据严重缺失且无法补充的公司。最终确定来自 2 143 家上市公司的年度观测值共 11 896 个。其中，会计师事务所成立时间信息通过中国注册会计师协会网站（http://www.cicpa.org.cn/）及各会计师事务所官方网站手工搜集，并对各年份中会计师事务所合并数据进行了回溯和手工处理；其他数据均来源于 CSMAR 数据库和 WIND 数据库，并按照中国证监会 SIC 三位代码对所有样本公司进行了所属行业分类。为了避免极端值的影响，所有连续变量均进行了 1% 尾缩处理。

5.4.2 模型构建与变量定义

1. 上市公司与会计师事务所匹配度的经济后果多元回归模型

假设 H1、H1a 分别从上市公司与会计师事务所存在不匹配以及不匹配的具体方向两个方面实证检验了上市公司与会计师事务所不匹配对于审计费用的影响。为验证这两个假设，设计了如下多元回归模型：

$$LNFEE = \beta_0 + \beta_1 MISMATCH + \beta_2 DISTANCE + \beta_3 INDSPE + \beta_4 OWNERSHIP +$$
$$\beta_5 LNSIZE + \beta_6 ATURN + \beta_7 CR + \beta_8 LEV + \beta_9 ROA + \beta_{10} ARAT +$$
$$\beta_{11} INVAT + \beta_{12} MB + \beta_{13} AFTEN + \beta_{14} LNDELAY + \beta_{15} BIG4 +$$
$$\beta_{16} LOSS + \beta_{17} FOREIGN + \beta_{18} MA + \beta_{19} ISSUE + \beta_{20} MERGE +$$
$$\text{Industry and Year dummies} \tag{5.2}$$

在模型（5.2）中，因变量 LNFEE 取审计费用的自然对数，自变量 MISMATCH 为指示变量，并当上市公司与会计师事务所存在不匹配关系时取值为 1，为进一步验证 H1a，交替使用 MISDOWN 及 MISUP 作为自变量。根据假设 H1a，预期 MISDOWN 系数为负，MISUP 系数为正。此外，结合 Francis 等（2005）及 Numan 和 Willekens（2011）的研究结论[81][83]，与竞争者市场份额差距较大（DISTANCE）或具备行业专长（INDSPE）的审计师将会收取一定的费用溢价，因此预期 β_2、β_3 系数为正。

为检验上市公司与会计师事务所不匹配对于审计质量的影响（假设 H2、H2a），构建如下多元回归模型：

$$|DA| = \gamma_0 + \gamma_1 MISMATCH + \gamma_2 DISTANCE + \gamma_3 INDSPE + \gamma_4 OWNERSHIP +$$
$$\gamma_5 LNSIZE + \gamma_6 ATURN + \gamma_7 CR + \gamma_8 LEV + \gamma_9 ROA + \gamma_{10} ARAT +$$
$$\gamma_{11} INVAT + \gamma_{12} MB + \gamma_{13} AFTEN + \gamma_{14} LNDELAY + \gamma_{15} LOSS +$$
$$\gamma_{16} FOREIGN + \gamma_{17} MA + \gamma_{18} ISSUE + \gamma_{19} MERGE +$$
$$\text{Industry and Year dummies} \tag{5.3}$$

同样地，为进一步验证 H2a，交替使用 MISDOWN 及 MISUP 作为自变量。根据假设 H2a，预期 MISDOWN 系数为正，MISUP 系数为负。

此外，参照国内外相关学者的研究经验[39][41][81][83][88]，在上述各检验模型中加入表 5.4 中所示控制变量。

表 5.4 多元回归模型变量定义

类型	变量名	定义
因变量	LNFEE	审计费用的自然对数
	|DA|	操控性应计利润的绝对值

续表

类型	变量名	定义
控制变量	DISTANCE	现任审计师与其最接近竞争者所占有市场份额的差距
	INDSPE	会计师事务所是国家及区域层面的行业专家为1，否则为0
	OWNERSHIP	国企为1，否则为0
	LNSIZE	上市公司总资产的自然对数
	ATURN	总资产周转率=销售收入与期初总资产之比
	CR	流动比率=流动资产与流动负债之比
	LEV	杠杆比率=总负债与总资产之比
	ROA	总资产收益率=净利润与总资产之比
	ARAT	应收账款占比=应收账款与总资产之比
	INVAT	存货占比=存货与总资产之比
	MB	市值账面比=（市值+总资产−普通股账面值）/总资产
	AFTEN	会计师事务所任期的自然对数
	LNDELAY	财年结束到审计师出具审计报告的天数的自然对数
	BIG4	选聘Big4会计师事务所为1，否则为0
	LOSS	亏损为1，否则为0
	FOREIGN	有海外销售业务为1，否则为0
	MA	存在兼并或重组为1，否则为0
	ISSUE	发行新股为1，否则为0
	MERGE	会计师事务所经历合并为1，否则为0

2. 操控性应计利润的计量模型

本研究借鉴 Dechow 等（1995）的研究成果[108]，选取基于修正的 Jones 模型计算得来的操控性应计利润的绝对值作为审计质量的替代变量（|DA|）。

$$NDA_{i,t} = \eta_1(1/A_{i,t-1}) + \eta_2[(\Delta REV_{i,t} - \Delta REC_{i,t})/A_{i,t-1}] + \eta_3(PPE_{i,t}/A_{i,t-1}) \tag{5.4}$$

式中，$NDA_{i,t}$ 代表公司 i 第 t 期的非操控性应计利润额，$A_{i,t-1}$ 代表公司 i 第 $t-1$ 期的期末资产总额，$\Delta REV_{i,t}$ 代表第 t 期主营业务收入与第 $t-1$ 期主营业务收入的差额，$\Delta REC_{i,t}$ 代表第 t 期应收账款与第 $t-1$ 期应收账款的差额，$PPE_{i,t}$ 代表第 t

期固定资产原值。参数 η_1、η_2 及 η_3 的估计值通过对下列模型进行分行业、分年度的回归得到：

$$\mathrm{TA}_{i,t}/A_{i,t-1} = \lambda_1(1/A_{i,t-1}) + \lambda_2(\Delta\mathrm{REV}_{i,t}/A_{i,t-1}) + \lambda_3(\mathrm{PPE}_{i,t}/A_{i,t-1}) + \varepsilon_{i,t} \tag{5.5}$$

式中，
$$\mathrm{TA}_{i,t} = \mathrm{NI}_{i,t} - \mathrm{CFO}_{i,t} \tag{5.6}$$

$\mathrm{TA}_{i,t}$、$\mathrm{NI}_{i,t}$、$\mathrm{CFO}_{i,t}$ 分别代表第 t 期的总应计利润、净利润和经营现金净流量。最后，用总应计利润减去非操控性应计利润，即得到操控性应计利润 $\mathrm{DA}_{i,t}$，即

$$\mathrm{DA}_{i,t} = \mathrm{TA}_{i,t}/A_{i,t-1} - \mathrm{NDA}_{i,t} \tag{5.7}$$

3. Hausman 检验

书中所选样本为包含 2007—2016 年沪深两市 A 股上市公司的非平衡面板数据，按照影响因素分类常用的回归模型有：固定效应模型、随机效应模型和混合效应模型。为增加研究结论的稳健性，分别对模型（5.2）和模型（5.3）中面板数据进行 Hausman 检验以确定回归类型。结果显示，模型（5.2）及模型（5.3）的 Hausman 检验值均为 Prob = 0.000 0 < 0.05，应该拒绝原假设，即选择固定效应模型。

5.5 实证研究

5.5.1 多元回归模型变量描述性统计

表 5.5 是回归分析中涉及变量的描述性统计结果，可以看出，各主要变量无极端值存在。其中，审计费用（LNFEE）、操控性应计利润的绝对值（|DA|）、上市公司与会计师事务所不匹配（MISMATCH）、向下的不匹配（MISDOWN）及向上的不匹配（MISUP）的均值分别为 13.370、0.066、0.077、0.067 和 0.010。在全部 11 896 个年度样本观测值中，上市公司与会计师事务所聘用关系表现为不匹配（MISMATCH = 1）的观测值有 1 083 个，占样本期间全部观测值的 9.1%。从不匹配类型看，在 1 083 个出现上市公司与会计师事务所不匹配的观测样本中，向下不匹配（MISDOWN = 1）的观测值有 970 个，占全部不匹配观测样

本的 89.6%；而向上不匹配（MISUP = 1）的观测值仅有 113 个，只占全部不匹配观测样本的 10.4%。这一结果表明我国上市公司与会计师事务所不匹配现象中，向下的不匹配占主导，或许是由于现阶段上市公司盈余管理的需求仍然比较强烈，正如前文分析，为了满足公司董事及外部投资者的回报要求，上市公司将会退而求其次选择审计质量较低的会计师事务所；较少地呈现向上不匹配观测值也反映出我国上市公司追求高审计质量的意愿并不强烈，这也与以往相关文献的研究结论相一致。

表 5.5 相关变量描述性统计

变量	N	均值	中位数	标准差	最大值	最小值
LNFEE	11 896	13.370	13.300	0.595	17.520	11.510
|DA|	11 896	0.066	0.043	0.076	0.618	0.000
MISMATCH	11 896	0.077	0.000	0.266	1.000	0.000
MISDOWN	11 896	0.067	0.000	0.250	1.000	0.000
MISUP	11 896	0.010	0.000	0.098	1.000	0.000
DISTANCE	11 896	0.097	0.024	0.160	0.877	0.000
INDSPE	11 896	0.121	0.000	0.326	1.000	0.000
OWNERSHIP	11 896	0.466	0.000	0.499	1.000	0.000
LNSIZE	11 896	21.800	21.690	1.215	27.550	14.110
ATURN	11 896	0.783	0.628	0.694	11.440	0.001
CR	11 896	2.583	1.523	4.674	190.900	0.018
LEV	11 896	0.462	0.451	0.362	13.630	0.005
ROA	11 896	0.062	0.049	0.127	5.173	−0.903
ARAT	11 896	0.105	0.079	0.101	0.754	0.000
INVAT	11 896	0.178	0.133	0.170	0.943	0.000
MB	11 896	2.057	1.563	3.765	259.100	0.012
AFTEN	11 896	1.481	1.386	0.763	2.996	0.000

续表

变量	N	均值	中位数	标准差	最大值	最小值
LNDELAY	11 896	4.445	4.477	0.352	5.447	0.000
BIG4	11 896	0.052	0.000	0.223	1.000	0.000
LOSS	11 896	0.170	0.000	0.376	1.000	0.000
FOREIGN	11 896	0.070	0.000	0.255	1.000	0.000
MA	11 896	0.043	0.000	0.203	1.000	0.000
ISSUE	11 896	0.105	0.000	0.307	1.000	0.000
MERGE	11 896	0.124	0.000	0.330	1.000	0.000

表 5.6 为主要变量的 t 检验统计表，按照不同自变量类型（MISMATCH/MISDOWN/MISUP）将样本分为三个对照组，比较了不同组别内相关变量的均值差异，同时进行了 t 检验。可以看出，审计费用（LNFEE）在三个组别中的均值均呈现出显著差异，MISMATCH 组的结果说明当存在上市公司与会计师事务所不匹配时，审计费用显著区别于其他不存在上市公司与会计师事务所不匹配的样本组，其中，当出现上市公司与会计师事务所向上的不匹配时（MISUP），审计费用显著高于匹配组（审计费用的平均值分别为 14.405 和 13.360），这为假设 H1 及 H1a 提供了一定的证据支撑，即上市公司与会计师事务所之间的不匹配关系会影响审计费用，并且向上的不匹配与审计费用呈现正相关关系。其次，表征审计质量的操控性应计利润的绝对值（|DA|）的均值在上市公司与会计师事务所出现向上的不匹配时（MISUP）显著低于匹配组（操控性应计利润的绝对值分别为 0.047 和 0.066），这为假设 H2a 提供了一定的证据支撑，亦即上市公司与会计师事务所向上的不匹配与审计质量呈现正相关关系，但是总体而言，在 MISMATCH 组内，操控性应计利润的绝对值并没有显著差异，有待在后续多因素分析中进一步检验。表 5.7 为重要变量的相关系数表，未经列示的 VIF 检验结果显示回归模型变量 VIF 值远小于 10，表明变量间不存在多重共线性问题，样本数据符合回归要求。

表 5.6 t 检验统计表

Variable	MISMATCH			MISDOWN			MISUP		
	YES Mean	NO Mean	mean dif. t–stat	YES Mean	NO Mean	mean dif. t–stat	YES Mean	NO Mean	mean dif. t–stat
LNFEE	13.887	13.327	−25.22***	13.811	13.338	−19.77***	14.405	13.360	−17.10***
|DA|	0.063	0.067	1.12	0.066	0.066	0.21	0.047	0.066	2.49**
DISTANCE	0.100	0.097	−0.50	0.105	0.096	−1.35	0.062	0.097	2.09**
INDSPE	0.152	0.119	−2.65***	0.149	0.119	−2.22**	0.172	0.121	−1.51
OWNERSHIP	0.735	0.444	−15.32***	0.762	0.445	−15.69***	0.548	0.465	−1.60
LNSIZE	23.539	21.657	−44.14***	23.732	21.663	−45.89***	22.215	21.798	−3.30***
N	1 083	10 813		970	10 926		113	11 783	

注：*、**、*** 分别表示在 0.10、0.05 和 0.01 水平上显著，双尾检验，下同。

表 5.7 重要变量相关系数表

	LNFEE	|DA|	DISTANCE	INDSPE	OWNERSHIP	LNSIZE	ATURN	CR	LEV	ROA
LNFEE	1									
|DA|	-0.057***	1								
DISTANCE	0.081***	-0.011	1							
INDSPE	0.169***	-0.056***	-0.036***	1						
OWNERSHIP	0.162***	-0.062***	0.001	-0.029***	1					
LNSIZE	0.714***	-0.053***	0.024**	0.106***	0.330***	1				
ATURN	0.133***	0.062***	0.094***	0.011	0.068***	0.083***	1			
CR	-0.143***	-0.061***	-0.032***	0.008	-0.164***	-0.177***	-0.123***	1		
LEV	0.126***	0.211***	0.021**	-0.032***	0.108***	0.126***	0.088***	-0.298***	1	
ROA	-0.020**	0.214***	0.018*	-0.015	-0.071***	-0.045***	0.080***	0.060***	-0.077***	1

5.5.2　多元回归模型主假设结果分析

表 5.8 列示了上市公司与会计师事务所聘用关系对审计费用及审计质量影响的实证检验结果。其中（1）和（2）分别检验了上市公司与会计师事务所不匹配及分不匹配类型对于审计费用的影响；（3）和（4）分别检验了上市公司与会计师事务所不匹配及分不匹配类型对于审计质量的影响。（1）的结果表明，上市公司与会计师事务所不匹配对于审计费用会产生显著影响（beta = −0.014，$p<0.05$），并且整体而言，上市公司与会计师事务所不匹配会导致审计费用降低，假设 H1 得以验证。从（2）分不匹配类型来看，MISDOWN 的系数显著为负（beta = −0.034，$p<0.01$），说明当存在上市公司与会计师事务所向下的不匹配时，审计费用显著降低；MISUP 的系数显著为正（beta = 0.047，$p<0.01$），说明当存在上市公司与会计师事务所向上的不匹配时，审计费用显著提高，并且 MISDOWN 及 MISUP 每增加一个标准单位，审计费用分别降低 3.4% 和提高 4.7%，假设 H1a 得以验证。控制变量中，描述审计师与其"距离"最近的竞争者间市场份额差距的 DISTANCE 的系数显著为正（beta = 0.006，$p<0.05$），说明具有竞争优势及市场份额优势的审计师会收取一定的费用溢价，与 Numan 和 Willekens（2011）的研究一致[83]。反映审计师行业专长的 INDSPE 的系数同样显著为正（beta = 0.037，$p<0.01$），说明具有行业专长的审计师也会收取一定的费用溢价，与 Francis 等（2005）的研究一致[81]。分控股类型看，OWNERSHIP 的系数显著为负（beta = −0.042，$p<0.05$），表明国有上市公司审计费用显著低于民营上市公司。此外，对于 MISMATCH 的系数显著为负，我们认为可能是由于样本结构导致的 [在 1 083 个出现上市公司与会计师事务所不匹配的观测样本中，向下不匹配（MISDOWN = 1）的观测值有 970 个，占全部不匹配观测样本的 89.6%]。模型调整后的 R 方约为 60%。

表 5.8 后两列（3）和（4）显示了上市公司与会计师事务所不匹配对于审计质量的影响。其中，（3）的结果表明，上市公司与会计师事务所不匹配对于审计质量确会产生显著影响（beta = 0.002，$p<0.01$），并且整体而言，上市公司与会计师事务所不匹配会导致客户操控性应计利润的绝对值显著上升，假设

H2 得以验证。从（4）分不匹配类型来看，MISDOWN 的系数显著为正（beta = 0.007，$p<0.05$），说明当存在上市公司与会计师事务所向下的不匹配时，客户操控性应计利润的绝对值显著上升；MISUP 的系数显著为负（beta = -0.004，$p<0.1$），说明当存在上市公司与会计师事务所向上的不匹配时，客户操控性应计利润的绝对值显著下降，审计质量显著提高，并且 MISDOWN 及 MISUP 每增加一个标准单位，客户操控性应计利润的绝对值分别提高 0.9% 和降低 0.6%，假设 H2a 得以验证。控制变量中，DISTANCE 和 INDSPE 的系数均为负值（beta 分别为 -0.007 和 -0.005），但 DISTANCE 并不显著，说明审计师所具备的市场优势对客户操控性应计利润的抑制作用并不明显，OWNERSHIP 的系数显著为负（beta = -0.015，$p<0.05$），表明国有上市公司操控性应计利润的绝对值显著低于民营上市公司。模型调整后的 R 方约为 10%。此外，其他控制变量的回归结果与已有研究的发现基本一致，并且在所有 4 个回归模型中均控制了年度和行业因素的影响。

表 5.8 多元回归模型检验结果

Dep. Var.	H1 (1)	H1a (2)	H2 (3)	H2a (4)
MISMATCH	-0.014** (0.025)		0.005*** (0.007)	
MISDOWN		-0.034*** (0.000)		0.009** (0.020)
MISUP		0.047*** (0.000)		-0.006* (0.097)
DISTANCE	0.006** (0.039)	0.001** (0.047)	-0.006 (0.472)	-0.008 (0.496)
INDSPE	0.037*** (0.000)	0.029*** (0.000)	-0.005* (0.071)	-0.004* (0.062)
OWNERSHIP	-0.042** (0.024)	-0.041** (0.023)	-0.015** (0.023)	-0.015** (0.024)
LNSIZE	0.325*** (0.000)	0.330*** (0.000)	-0.003 (0.113)	-0.004** (0.035)

续表

Dep. Var.	H1 (1)	H1a (2)	H2 (3)	H2a (4)
ATURN	-0.032*** (0.000)	-0.032*** (0.000)	0.021*** (0.000)	0.022*** (0.000)
CR	-0.003*** (0.000)	-0.002*** (0.009)	0.000 (0.923)	-0.000 (0.769)
LEV	0.085*** (0.000)	0.088*** (0.000)	0.027*** (0.000)	0.026*** (0.000)
ROA	-0.027 (0.134)	-0.020 (0.252)	0.122*** (0.000)	0.121*** (0.000)
ARAT	0.447*** (0.000)	0.441*** (0.000)	-0.005 (0.796)	-0.004 (0.823)
INVAT	-0.140*** (0.000)	-0.138*** (0.000)	0.011 (0.344)	0.010 (0.364)
MB	0.004*** (0.001)	0.004*** (0.000)	-0.001 (0.108)	-0.001* (0.098)
AFTEN	0.025*** (0.000)	0.028*** (0.000)	-0.007*** (0.000)	-0.008*** (0.000)
LNDELAY	0.021*** (0.001)	0.020*** (0.002)	-0.004* (0.083)	-0.004* (0.091)
BIG4	0.575*** (0.000)	0.557*** (0.000)		
LOSS	0.020*** (0.005)	0.018** (0.011)	0.014*** (0.000)	0.014*** (0.000)
FOREIGN	-0.007 (0.554)	-0.009 (0.418)	-0.000 (0.994)	0.000 (0.927)
MA	0.005 (0.654)	0.003 (0.768)	0.006 (0.108)	0.006* (0.097)
ISSUE	-0.003 (0.695)	-0.000 (0.966)	0.027*** (0.000)	0.026*** (0.000)

续表

Dep. Var.	H1 (1)	H1a (2)	H2 (3)	H2a (4)
MERGE	0.017 (0.114)	0.011 (0.188)	0.048 (0.821)	0.180 (0.366)
INTERCEPT	6.102*** (0.000)	5.979*** (0.000)	0.120*** (0.002)	0.142*** (0.000)
行业/年度	Yes	Yes	Yes	Yes
N	11 896	11 896	11 896	11 896
Adj. R^2	60.37%	60.91%	10.19%	10.74%

5.5.3 多元回归模型稳健性检验

1. 选择 Big10 替代 Big4 稳健性检验

近年来,财政部、中注协相继出台了一系列政策文件,大力提倡会计师事务所扩大规模,进一步做强做大。根据《2016 年会计师事务所综合评价前百家信息》[126],全行业业务收入超过 1 亿元的会计师事务所达到 49 家,其中瑞华和立信两家本土会计师事务所跻身百家榜前 5。Big4 会计师事务所在我国的市场份额呈现逐年下降的态势,而本土大所的市场份额则逐年上升,排名前 10 的会计师事务所中,除 Big4 会计师事务所外,其他 6 家会计师事务所在业界的口碑及声望也不断提升。因此,借鉴田利辉和刘霞(2013)的研究经验[88],使用国内 10 大会计师事务所(参照中注协发布的年度《会计师事务所综合评价前百家信息》,下文简称 Big10 会计师事务所)替代 Big4 会计师事务所重新进行上市公司与会计师事务所不匹配测算,并据此建立相关回归模型重新分析,结果如表 5.9 中(1)~(4)所示。其中(1)和(2)分别检验了上市公司与会计师事务所不匹配及分不匹配类型对于审计费用的影响;(3)和(4)分别检验了上市公司与会计师事务所不匹配及分不匹配类型对于审计质量的影响。(1)的结果表明,上市公司与会计师事务所不匹配对于审计费用会产生显著影响(beta = -0.027,$p<0.05$),从(2)分不匹配类型来看,MISDOWN 的系

数显著为负(beta = -0.089,$p<0.01$),说明当存在上市公司与会计师事务所向下的不匹配时,审计费用显著降低;MISUP 的系数显著为正(beta = 0.117,$p<0.01$),说明当存在上市公司与会计师事务所向上的不匹配时,审计费用显著提高,并且 MISDOWN 及 MISUP 每增加一个标准单位,审计费用分别降低 8.9% 和提高 11.7%,与前文 H1a 的主检验结果基本一致。模型调整后的 R 方约为 60%。

(3)和(4)显示了上市公司与会计师事务所不匹配对于审计质量的影响。其中,(3)的结果表明,上市公司与会计师事务所不匹配对于审计质量会产生显著影响(beta = 0.004,$p<0.01$)。从(4)分不匹配类型来看,MISDOWN 的系数显著为正(beta = 0.009,$p<0.01$),说明当存在上市公司与会计师事务所向下的不匹配时,客户操控性应计利润的绝对值显著上升;MISUP 的系数显著为负(beta = -0.013,$p<0.01$),说明当存在上市公司与会计师事务所向上的不匹配时,客户操控性应计利润的绝对值显著下降,审计质量显著提高,并且 MISDOWN 及 MISUP 每增加一个标准单位,客户操控性应计利润的绝对值分别提高 0.9% 和降低 1.3%,与前文 H2a 主检验结果基本一致。此外,各模型中主要控制变量的检验结果也与前文主检验结果基本一致。模型调整后的 R 方约为 10%。

2. 选择财务重述作为审计质量的替代变量稳健性检验

借鉴 Newton 等(2013)的研究经验[112],书中改用财务重述作为审计质量的替代变量,并定义为:若观察期内样本公司的财务报告在披露之后出现重述,则取值为 1,否则为 0。构建回归模型进行分析,结果如表 5.9 中(5)和(6)所示,分不匹配类型来看,MISDOWN 的系数显著为正(beta = 0.019,$p<0.01$),说明当存在上市公司与会计师事务所向下的不匹配时,客户发生财务重述的可能性显著上升;MISUP 的系数显著为负(beta = -0.017,$p<0.1$),说明当存在上市公司与会计师事务所向上的不匹配时,客户发生财务重述的可能性显著降低,审计质量显著提高,与前文 H2a 主检验结果基本一致。此外,各模型中主要控制变量的检验结果也与前文主检验结果基本一致。

表 5.9 稳健性检验

Dep. Var.	BIG10				RESTATEMENT	
	H1	H1a	H2	H2a	H2	H2a
	(1)	(2)	(3)	(4)	(5)	(6)
MISMATCH	-0.027**		0.004***		0.008***	
	(0.011)		(0.001)		(0.008)	
MISDOWN		-0.089***		0.009***		0.019***
		(0.002)		(0.000)		(0.000)
MISUP		0.117***		-0.013***		-0.017***
		(0.000)		(0.002)		(0.000)
DISTANCE	0.007	0.008	0.004	0.004	-0.013	-0.011
	(0.727)	(0.707)	(0.572)	(0.572)	(0.283)	(0.370)
INDSPE	0.046***	0.047***	-0.005*	-0.005*	-0.007	-0.004
	(0.000)	(0.000)	(0.071)	(0.071)	(0.113)	(0.330)
OWNERSHIP	-0.042**	-0.042**	-0.015**	-0.015**	-0.001	-0.001
	(0.021)	(0.021)	(0.024)	(0.024)	(0.909)	(0.919)
LNSIZE	0.324***	0.326***	-0.002	-0.002	-0.018***	-0.020***
	(0.000)	(0.000)	(0.199)	(0.165)	(0.000)	(0.000)
ATURN	-0.031***	-0.032***	0.021***	0.021***	-0.010**	-0.010**
	(0.000)	(0.000)	(0.000)	(0.000)	(0.019)	(0.023)
CR	-0.003***	-0.003***	0.000	0.000	0.000	0.000
	(0.001)	(0.001)	(0.918)	(0.916)	(0.506)	(0.951)
LEV	0.085***	0.085***	0.027***	0.027***	0.001	0.000
	(0.000)	(0.000)	(0.000)	(0.000)	(0.840)	(0.995)
ROA	-0.028	-0.027	0.123***	0.122***	-0.013	-0.015
	(0.117)	(0.134)	(0.000)	(0.000)	(0.221)	(0.147)
ARAT	0.450***	0.449***	-0.005	-0.005	-0.001	0.001
	(0.000)	(0.000)	(0.804)	(0.813)	(0.984)	(0.972)
INVAT	-0.137***	-0.142***	0.010	0.011	0.039**	0.038**
	(0.000)	(0.000)	(0.379)	(0.356)	(0.042)	(0.048)
MB	0.004***	0.004***	-0.001	-0.001	-0.001*	-0.001*
	(0.001)	(0.000)	(0.115)	(0.112)	(0.065)	(0.055)

续表

Dep. Var.	BIG10				RESTATEMENT	
	H1	H1a	H2	H2a	H2	H2a
	(1)	(2)	(3)	(4)	(5)	(6)
AFTEN	0.025*** (0.000)	0.026*** (0.000)	−0.007*** (0.000)	−0.007*** (0.000)	−0.000 (0.844)	−0.001 (0.536)
LNDELAY	0.021*** (0.001)	0.021*** (0.002)	−0.004* (0.082)	−0.004* (0.083)	0.007* (0.066)	0.007* (0.057)
BIG4	0.566*** (0.000)	0.501*** (0.000)				
LOSS	0.020*** (0.006)	0.019*** (0.007)	0.014*** (0.000)	0.014*** (0.000)	0.004 (0.366)	0.005 (0.293)
FOREIGN	−0.006 (0.593)	−0.005 (0.632)	−0.000 (0.997)	−0.000 (0.986)	0.003 (0.697)	0.004 (0.588)
MA	0.005 (0.652)	0.004 (0.691)	0.006 (0.108)	0.006 (0.106)	−0.005 (0.431)	−0.004 (0.481)
ISSUE	−0.003 (0.717)	−0.003 (0.709)	0.027*** (0.000)	0.027*** (0.000)	0.009** (0.038)	0.008* (0.057)
MERGE	0.020 (0.158)	0.022 (0.182)	0.051 (0.809)	0.047 (0.799)	0.103 (0.569)	0.413 (0.674)
INTERCEPT	6.123*** (0.000)	6.079*** (0.000)	0.110*** (0.005)	0.115*** (0.004)	0.371*** (0.000)	0.428*** (0.000)
行业/年度	Yes	Yes	Yes	Yes	Yes	Yes
N	11 896	11 896	11 896	11 896	10 619	10 619
Adj. R^2/ Pse. R^2	60.54%	60.37%	10.31%	10.56%	8.64%	8.81%

5.5.4 研究结果讨论

通过构建多元回归模型，区别以往学者多从强制轮换背景研究相关政策实施效果[12][173]，从审计选聘链条的前端出发，在全面评价我国审计市场中上市公司与会计师事务所匹配关系的基础上，实证检验了上市公司与会计师事务所不匹配现象的选聘影响，结果表明，上市公司与会计师事务所已有聘用关系的改变对审计费用及审计质量均会产生一定影响。相较于审计质量,审计费用对于上市公司与会计师事务所聘用关系改变的敏感性更高,当存在上市公司与会计师事务所向上和向下的不匹配时,客户审计费用分别提高 4.7% 和降低 3.4%,原因在于书中以 Big4 会计师事务所作为参照组,分别测算上市公司与会计师事务所不匹配程度,研究表明 Big4 会计师事务所通过国际品牌声誉为其带来了较大的费用溢价,审计费用显著高于国内其他审计会计师事务所[88][146];当存在上市公司与会计师事务所向上和向下的不匹配时,客户操控性应计利润的绝对值分别降低 0.6% 和提高 0.9%,幅度并不明显,虽然以往研究表明 Big4 会计师事务所相较于 Non-Big4 会计师事务所拥有更高的审计质量[143][144],然而参照张敏等(2012)的研究结论[46],书中认为信号假说占主导,即上市公司更多是通过选择 Big4 会计师事务所向供应商、下游客户乃至投资者发送积极信号,传递利好信息。

细分不匹配类型,在 1 083 个出现上市公司与会计师事务所不匹配的观测样本中,向下不匹配(MISDOWN = 1)的观测值有 970 个,占全部不匹配观测样本的 89.6%,这一结果从侧面反映了我国审计市场特征及所处阶段,即我国审计市场中会计师事务所众多、竞争激烈,市场集中度不高;另外,较少地呈现向上不匹配(MISUP = 1)观测值也反映出目前上市公司盈余管理的需求仍然比较强烈,为了满足公司董事及外部投资者的回报要求,权衡之下或许会放弃追求高审计质量,转而选择审计质量较低的会计师事务所。

鉴于我国审计市场还处于会计师事务所众多、竞争激烈,市场集中度不高的发展阶段,为了促进上市公司与会计师事务所聘用关系的良性发展,应当鼓励会计师事务所通过合并重组"做强做大",形成一批具备国际竞争力的国内大所,进一步提升审计质量。同时,规范国内中小型会计师事务所的竞争局面及低价揽客行为,从会计师事务所选聘链条的前端出发,加强对审计客户的风险把控,优化选聘流程,促进我国审计市场全面健康有序发展。

5.6 本章小结

为全面分析我国上市公司与会计师事务所聘用关系,本章节以 2007—2016

年沪深两市 A 股上市公司为样本,选取表征公司经营状况及财务活动的相关指标,构建二元逻辑回归模型,对上市公司与会计师事务所匹配度进行测算,据此考察我国审计市场中上市公司与会计师事务所的匹配度对于审计费用及审计质量的影响。首先,对所研究问题进行了描述,提出章节的研究思路。其次,给出上市公司与会计师事务所匹配度概念界定,并通过构建二元逻辑回归模型,对双方匹配度进行测算。再次,通过文献梳理,分析提出上市公司与会计师事务所匹配度与审计费用、审计质量的基本假设、建模步骤、样本数据来源及变量定义。最后,通过运行多元回归模型,进行描述性统计及主假设检验结果分析,为了保证研究结论的稳健性,附加模型的稳健性检验。研究结果表明,上市公司与会计师事务所不匹配对于审计费用、审计质量均会产生显著影响,相比较而言,上市公司与会计师事务所向上的不匹配关系能够有效抑制客户的盈余管理行为,有利于审计市场及上市公司的健康发展。

第6章

基于风险测度的签字注册会计师派出决策模型研究

上市公司与会计师事务所双边匹配关系达成后,通过签订服务合同,正式确立委托代理关系,进入第二阶段审计工作执行期。在此之前,会计师事务所需要对上市公司进行全面的风险评估,形成风险评估工作底稿,并据此确定签字注册会计师的派出策略,安排审计团队开展审计工作。本章依然着眼于审计业务流程的前端,建立了基于风险测度的签字注册会计师派出决策模型,研究会计师事务所对签字注册会计师的派出决策。

6.1 相关概念及研究概述

6.1.1 相关概念界定

1. 风险的含义

风险是复杂系统中的重要概念,不同的领域对风险的理解和认识程度不同,目前尚无统一定义。经济学家 Knight (1921) 将风险描述为一种情景[174],即存在一种行为可以导致多种不同的结果,每一种结果发生的概率未知,因此这一情景具有不确定性。统计学家 Wald (1950) 认为风险是当选择某一决策行为时,由于决策错误而产生的预期成本及损失之和[175]。通过对现有学者的研究成果进行梳理和归纳,可以形成以下三种代表性观点[176][177]。

1) 风险是未来结果发生的不确定性

A. H. Mowbray（1995）将风险描述为不确定性[178]；C. A. Williams（1985）将风险描述为在特定的时期及条件下，未来结果的可能变动[179]；March 等（1987）认为风险是事件结果的不确定性，并且可以通过期望收益的方差度量[180]；Markowitz（1952）和 Sharpe 等（1964）将证券投资的风险定义为证券可能收益率的变动程度，并使用收益率的方差对证券风险进行度量[181][182]。如果用公式表述此类风险，可以描述为：

$$R_X = \sum_{i=1}^{n} [X_i - E(X)]^2 P_i \qquad (6.1)$$

式中，R_X 是事件 X 的风险；n 为事件 X 的可能结果总数；X_i 为事件 X 的第 i 种可能结果；$E(X)$ 是事件 X 的期望结果，P_i 是事件 X 的第 i 种结果的发生概率。

2) 风险是未来损失发生的不确定性

J. S. Rosenbloom（1972）将风险描述为未来损失发生的不确定性[183]；Crane（1984）将风险描述为未来损失发生的不确定性[184]；Brokett 等（1992）将风险定义为可能导致损失事件发生的机会或概率[185]。如果用公式表述此类风险，可以描述为：

$$R_X = \frac{1}{n} \sum_{i=1}^{n} [P_i - E(P)]^2 \qquad (6.2)$$

式中，R_X 是事件 X 的风险；n 为事件 X 的不利结果可能出现的总数；P_i 为事件 X 的第 i 种不利结果的发生概率；$E(P)$ 是事件 X 的不利结果发生的期望概率。

3) 风险是未来损失程度的大小

我国学者段开龄认为，风险是预期损失的不利偏差[186]，即若实际损失大于预期损失，则可认定出现不利偏差，或者说风险；Markowitz（1979）通过计算，证明可能的收益率大于期望收益率的情况并不存在，并提出 Downsiderrisk 的概念（实际收益率低于期望收益率的风险）[187]。如果用公式表述此类风险，可以描述为：

$$R_X = \sum_{i=1}^{n} E[X_i - E(X)]^2 P_i$$

s. t. (6.3)

$$X_i - E(X) = \begin{cases} 0, 当 X_i \geq E(X) \\ -[X_i - E(X)], 当 X_i < E(X) \end{cases}$$

式中，R_X 是事件 X 的风险；n 为事件 X 的可能结果总数；X_i 为事件 X 的第 i 种可能结果；$E(X)$ 是事件 X 的期望结果，P_i 是事件 X 的第 i 种结果的发生概率；$X_i \geq E(X)$ 是指事件 X 的第 i 种实际结果好于或等于期望结果；$X_i < E(X)$ 是指事件 X 的第 i 种实际结果差于期望结果。

2. 审计风险的含义

中国注册会计师协会在 1996 年年底公布的《独立审计具体准则第 9 号——内部控制和审计风险》[188]中将审计风险（Audit Risk）定义为：所谓审计风险是指会计报表存在重大错误或漏报，而注册会计师审计后发表不恰当审计意见的可能性。目前的审计风险模型来源于美国审计准则委员会在 1981 年发布的第 39 号审计准则公告《审计抽样准则》及 1983 年发布的第 47 号审计准则公告《审计业务中的审计风险和重要性》，其中给出了审计风险模型[189]：

审计风险 = 固有风险(IR) × 控制风险(CR) × 检查风险(DR)　　(6.4)

其中，固有风险（Inherent Risk）指不考虑被审计单位相关的内部控制政策或程序的情况下，其会计报表上某项认定产生重大错报的可能性；控制风险（Control Risk）是指被审计单位内部控制未能及时防止或发现其会计报表上某项错报或漏报的可能性；检查风险（Detection Risk）指注册会计师通过预定的审计程度未能发现被审计单位会计报表上存在的某项重大错报或漏报的可能性。固有风险及控制风险同被审计企业密切相关，审计人员只能评估其水平但不能影响或降低其大小，因此，固有风险（IR）×控制风险（CR）又被称为重大错报风险，而检查风险是审计风险要素中唯一可以通过注册会计师进行控制和管理的风险要素。

3. 上市公司经营风险含义及测定方法

参照已有学者研究成果及相关文献，审计业务相关风险又可分为审计风险、上市公司经营风险及会计师事务所经营风险三类[188][189]。其中，上市公司经营风险是指上市公司的财务经营状况在短期或者长期内恶化的风险。审计风险组成要素中的检查风险及会计师事务所经营风险可以通过会计师事务所进行控制和管理，在书中统称为会计师事务所经营风险；而审计风险组成要素中的固有风险、控制风险及上市公司经营风险同被审计上市公司的财务经营状况密切相关，书中统称为上市公司经营风险。目前，对上市公司经营风险的测定主要包括以下几种主流方法：

1）杜邦分析法

杜邦分析法（DuPont Analysis）是由美国杜邦公司的一名销售人员 Brown 在 1912 年给公司的一份销售报告中最早提出的，并于 1920 年后被杜邦公司广泛运用在公司的财务分析中，以企业的净资产收益率为核心指标，从成本、费用、收益等角度出发，将相关的财务利润指标进行串联，有助于企业管理层更加清晰地看到权益资本收益率的决定因素。杜邦分析法示意如图 6.1 所示。

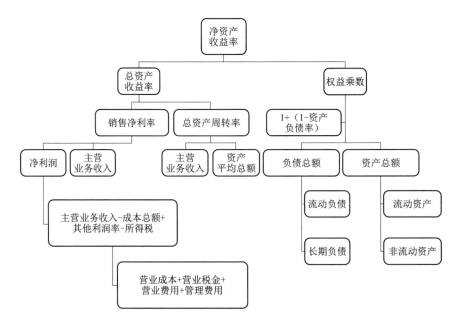

图 6.1　杜邦分析法示意

2）Altman Z 计分模型

Altman Z 计分模型又称 Z-Score 模型，由纽约大学 Edward Altman 教授于 1968

年首次提出[190]，Altman 教授通过综合观察美国破产及非破产制造类企业财务数据，选取了 22 个反映企业财务状况的比率指标，通过实证研究及检验，构造了著名的 5 因素 Z-Score 模型，基于破产企业数据，对上市公司财务经营状况、是否面临破产风险等进行分析判别。

$$Z = 0.012X_1 + 0.014X_2 + 0.033X_3 + 0.006X_4 + 0.999X_5$$

X_1 =（流动资产 − 流动负债）/ 总资产

X_2 = 留存收益 / 总资产

X_3 = 息税前利润 / 总资产 (6.5)

X_4 = 普通股和优先股市值 / 总负债

X_5 = 销售额 / 总资产

判断标准为：$Z < 1.8$ 破产区；$1.8 \leq Z \leq 2.99$ 灰色区；$Z > 2.99$ 安全区。Z-Score 越小，企业破产风险越大。

3）盈利的波动程度模型

Johnet 等（2008）及 Acharya 等（2011）通过研究证实，企业的经营风险越高，盈利的波动性就越大[191][192]。我国学者王竹泉等（2017）将盈利的波动程度作为经营风险的替代变量[193]，研究企业经营风险与营运资金融资决策间的关系，给出盈利的波动程度模型具体如下：

$$\delta_{i,t} = \sqrt{\frac{1}{T-1} \sum_{t=1}^{T} \left(E_{i,t} - \frac{1}{T} \sum_{t=1}^{T} E_{i,t} \right)^2}$$

$$E_{i,t} = \frac{\text{EBIT}_{i,t}}{A_{i,t-1}}$$

(6.6)

式中，$\delta_{i,t}$ 指第 i 家公司在第 t 年的盈利波动程度（经营风险）；T 为分析的总时长；$\text{EBIT}_{i,t}$ 指第 i 家公司在第 t 年的息税折旧摊销前利润；$A_{i,t-1}$ 指第 i 家公司在第 $t-1$ 年的总资产。

4）上市公司经营风险测定方法评述

从上市公司绩效评价的角度来看，以上三种方法主要侧重于上市公司财务指标方面的信息，而财务指标信息多为静态的事后信息，不能全面动态地反映上市公司经营风险，具有很大的局限性。因此，从上市公司所处的行业背景、治理结构、业务发展状况、财务状况、是否遭受处罚等方面着手，全面评价上市公司经营风险很有必要。

6.1.2　签字注册会计师派出决策研究概述

上市公司与会计师事务所通过签订服务合同，正式确立委托代理关系，进入第二阶段——审计工作执行期。在此之前，会计师事务所需要对上市公司进行全面的风险评估，形成风险评估工作底稿，并据此确定签字注册会计师的派出决策，安排审计团队开展审计工作。本部分通过构建上市公司经营风险测度指标体系，建立基于直觉三角模糊数 TOPSIS 的上市公司经营风险测度模型，对上市公司经营风险进行测度，并据此构建签字注册会计师的派出决策模型且进行实证分析。

6.2　上市公司经营风险测度指标体系构建

6.2.1　上市公司经营风险测度指标体系的构建原则

评价指标体系的构建是进行上市公司经营风险评估的关键，上市公司经营风险测度指标体系是对上市公司经营财务状况进行的全方位衡量，指标的选取及评价体系的构建应遵循以下原则：

1）系统性原则

上市公司经营风险测度指标体系的指标选取及体系构建需要经过系统的分析，指标选取应涵盖上市公司所处的行业背景、治理结构、业务发展状况、是否遭受处罚等多个方面，从多角度全面评价上市公司经营风险。各指标之间应该互相独立，但又彼此联系。指标体系的构建应当具有层次性，形成一个完整的有机整体。

2）科学性原则

科学性就是指标应当符合客观规律的真实性。进行评价指标设计时，应当以科学的理论为指导，使得选取的指标能够准确刻画被评价对象的现状和实质，逻辑结构应当兼具合理性和严谨性。

3）可比性原则

可比性是指标选取中的重要原则，上市公司经营风险测度指标体系中的相关财务数据应具备可比性，便于数据的收集、整理及模型的计量。同时，可比性还要求指标选取具有统一性和一贯性，统一性指不同企业之间指标的可比性，强调横向比较；一贯性指同一企业在不同时期指标的可比性，强调纵向比较。

4）定量和定性相结合的原则

定量分析与定性分析是营销学中两种通常的方法，均有着广泛的应用。定量分析需要有大量实际数据做支撑，其分析结果更具科学性和说服力，然而定量分析周期长、费用高，特别在数据缺乏的情况下，就需要定性分析做补充。在进行上市公司经营风险测度指标体系构建的过程中，需要对上市公司经营状况的方方面面进行考虑，这里既包括可以通过公开数据获取的财务指标，也包括需要问卷调查进行人为判断的定性指标，因此，对于上市公司经营风险的评价，需要定量分析和定性分析结合进行。

6.2.2 上市公司经营风险测度指标体系构建及指标解释

本研究对全国排名前 20 位（参照中国注册会计师协会 2016 年度《会计师事务所综合评价前百家信息》排名）的会计师事务所（参见附录 A）展开了走访及调研，详细了解各家会计师事务所分所设立原则、总所分所业务承揽模式及具体审计业务流程，获取了会计师事务所在业务承揽过程中基于上市公司风险评估工作的部分底稿及指标说明。在此基础上，结合国内外学者的已有研究经验及研究成果，从行业背景、治理结构、业务发展状况、财务状况等多角度对上市公司经营风险测度指标进行了提取，进行了评价指标体系的搭建，紧贴审计实务，兼顾科学性和合理性。

上市公司经营风险测度指标体系由 5 部分构成，分别包括上市公司基本信息、所处行业背景、公司治理结构、经营状况、财务状况，共计 21 个指标，各部分详细指标及解释具体如下。

1. 基本信息

公司基本信息就是从公司自身出发，通过对公司所有权结构、组织结构及公司规模等因素进行分析和评价,判断公司的经营风险,对于审计会计师事务所而言,即识别和评估财务报表重大错报风险。朱荣策(2013)通过研究发现机构投资者持股比例、流通股比例、管理层持股比例、股权集中度的提高都可以降低公司的破产风险和系统性风险,管理层持股比例、股权集中度的提高还可以显著降低公司的财务杠杆率[194]。此外,国内外学者研究证实,公司组织结构的复杂程度(子公司数目)及规模大小均会对企业经营风险产生一定影响。据此,给出公司基本信息要素指标及定义,如表6.1所示。

表6.1　基本信息要素指标

指标大类	要素指标	指标详情
基本信息	所有权结构	所有权性质(属于国有企业、外商投资企业、民营企业还是其他类型)、控股母公司情况
	组织结构	组织结构复杂程度、业务流程规范程度、部门设置合理程度
	公司规模	业务范围、经营规模

2. 行业背景

对上市公司所处行业背景进行评价,主要是借由行业经济的萧条/景气程度以及未来的发展趋势研判上市公司可能面临的各项风险。如上市公司行业性质(资本密集型/技术密集型/劳动力密集型),是否身处金融/保险等高风险行业;行业是否受经济周期波动影响以及生产经营和销售是否受季节影响;行业的平均利润水平及所处发展周期;上市公司在行业内的主要竞争对手及市场份额等。据此,给出行业背景要素指标及定义,如表6.2所示。

表6.2　行业背景要素指标

指标大类	要素指标	指标详情
行业背景	行业性质	客户所属行业风险水平、行业主要法律法规及政策健全程度、行业竞争状况
	行业发展状况	行业平均利润水平、行业所处发展周期
	在行业中所处地位	主要竞争对手、市场份额

3. 治理结构

公司治理是指通过公司内部、外部正式或者非正式的机制和制度来协调公司利益相关者之间的关系，包括股东、董事会、经理层、债权人、供应商、客户及政府机构等[195]。公司治理结构的好坏与公司的经营成长状况息息相关，由于我国上市公司的公司治理还不健全、缺乏有效的监督机制，因此，审计委员会或监事会的设立在很大程度上可以作为一种公司内部治理监督机制的有效补充。与此同时，内部控制作为单位内部实施的各种制约和调节的组织、计划、程序和方法，也是公司治理中的重要一环。据此，给出公司治理结构要素指标及定义，如表 6.3 所示。

表 6.3 治理结构要素指标

指标大类	要素指标	指标详情
治理结构	董事会构成	董事会的构成情况、董事会的运作情况、独立董事的设立情况
	审计委员会或监事会设立情况	审计委员会设立情况、监事会设立情况
	内部控制缺陷	内部控制制度建设情况、内部控制缺陷程度

4. 经营状况

上市公司的经营状况是指其产品在商品市场上进行销售、服务的发展现状。公司经营及销售方式的不同，对财务管理模式复杂程度的要求千差万别；公司的采购环境、生产环境和销售环境对财务管理目标的实现也会产生很大的影响，好的经营环境有利于财务管理目标的实现，相反地，坏的经营环境会增加公司的经营风险，阻碍财务目标的实现。因此，经营状况的指标选择应该是能涵盖经营活动的全链条及各个环节的，书中从收入来源、供应链上下游情况、投资活动及筹资活动四个方面提取相关指标构建经营状况评价指标体系，具体如表 6.4 所示。

表 6.4　经营状况要素指标

指标大类	要素指标	指标详情
经营状况	收入来源	收入来源的稳定性、收入确认政策的合理性、收入来源的地区与行业分布
	供应链上下游	销售客户构成、高度依赖的客户数量、造成高回收性风险的客户数量、主要供应商构成、原材料供应的可靠性和稳定性、原材料价格的波动性
	投资活动	重大关联方及关联交易情况、拟实施或已实施的并购活动与资产处置情况、资本性投资活动情况
	筹资活动	资金筹集渠道、可能导致持续经营和流动性问题的筹资活动数量

5. 财务状况

针对上市公司财务状况，书中从上市公司偿债能力、营运能力、获利能力及成长能力四个维度展开，每个维度选取两个标志性指标，共计 8 个指标，构成上市公司财务指标评价体系。本部分指标均为定量指标，测算数据来源为上市公司年度报告，具体测算公式如表 6.5 所示。

表 6.5　财务状况要素指标

指标大类	要素指标	单位	计算公式
财务状况	流动比率	%	=（流动资产÷流动负债）×100%
	资产负债率	%	=（负债总额÷资产总额）×100%
	存货周转率	次	=主营业务成本÷$\left(\dfrac{期初存货+期末存货}{2}\right)$
	总资产周转率	次	=销售收入÷总资产
	营业利润率	%	=（营业利润÷营业收入）×100%
	净资产收益率	%	=（净利润÷净资产）×100%
	净利润增长率	%	=$\left(\dfrac{期末净利润-期初净利润}{2}\right)$÷期初净利润×100%
	净资产增长率	%	=$\left(\dfrac{期末净资产-期初净资产}{2}\right)$÷期初净资产×100%

6.2.3　样本描述及信效度检验

1. 数据来源

上市公司经营风险测度指标体系中的数据采用定量和定性相结合的方式进行获取。其中，财务状况维度的表征上市公司偿债能力、营运能力、获利能力及成长能力的 8 个指标数据从上市公司年度报告中提取，并按照计算公式逐一测算，数据调查期为 2015 年度。对于指标体系中基本信息、行业背景、治理结构及经营状况等无法通过公开数据直接测算的定性指标，统一通过设计调研问卷的方式获取数值。

上市公司经营风险调查问卷共包括三个部分，第一部分为主体指标，均为定性指标，对于指标赋值选取 LiketScale 五级量表的形式进行，调查对象为对上市公司经营财务状况较为了解的上市公司业务及财务部门的高级经理及专业技术人员，并由他们根据所在上市公司基于相关指标方面的表现对上市公司所面临的风险进行打分，风险程度分为很低、低、一般、高和很高 5 个等级，依次赋值 1、2、3、4、5。第二部分为被调查者个人基本信息，包括所属上市公司、性别、学历、专业等。第三部是相关意见与建议。由于调查年份为 2015 年，因此，整个调查工作自 2015 年上市公司年报陆续公告后的 2016 年 4 月至 2016 年 12 月，历时近 9 个月。

调查问卷采用现场发放和网络发放两种方式结合进行。其中，总部在北京的部分上市公司由于区位优势，多采用现场发放的形式进行问卷的填写和收集，除北京之外的被调查上市公司及其他北京上市公司均采用网络发放的形式进行问卷的填写和回收（网络发放主要指借助邮箱、微信、QQ 等现代网络工具进行）。其中，现场发放问卷共计 400 份，回收 186 份，有效问卷 170 份；网络发放问卷 300 份，回收 143 份，有效问卷 124 份，总的问卷有效率为 42%，在可接受范围内。

2. 样本描述

通过对被调查对象个人基本信息的统计分析发现，在 294 份有效问卷中，男性比例 63.6% 显著高于女性 36.4%，表明虽然从事财务工作的女性居多，然而在企业经营、财务等重要部门的高级管理人员中，还是以男性为主；被调查对象的学历水平以硕士以上居多，占比达到49.0%，表明企业经营、财务等部门经验固然重要，优秀的学历背景同样不可或缺；专业背景主要以会计和管理类为主，两者合计比例达到60.9%；被调查对象工龄普遍较高，5年及以上达到74.5%；从被调查者的职称情况看，副高以上职称人数达到57.9%。调查样本的基本情况如表6.6所示。

表6.6 调查样本的基本情况

分类标准	样本个数	所占百分比
按性别划分		
男	187	63.6%
女	107	36.4%
总计	294	100%
按学历划分		
专科及以下	48	16.3%
本科	102	34.7%
硕士及以上	144	49.0%
总计	294	100%
按专业划分		
会计	87	29.6%
金融	43	14.6%
管理	92	31.3%
其他	72	24.5%
总计	294	100%
按工龄划分		
5年及以上	219	74.5%
5年以下	75	25.5%
总计	294	100%

续表

分类标准	样本个数	所占百分比
按职称划分		
正高级职称	62	21.2%
副高级职称	108	36.7%
中级职称	113	38.4%
其他	11	3.7%
总计	294	100%

3. 信度检验

信度（Reliability）是用来衡量调研问卷量表测试结果稳定性和一致性的指标，信度越高表示调研结果排除随机误差的能力越强。信度指标主要有等值系数（Equivalence）、稳定系数（Stablity）和内部一致性系数（Equivalence）[196]。由于本问卷采用 LiketScale 五级量表的形式，这里选取最常用的内部一致性系数中的 Cronbach's Alpha 系数来估计，其计算公式为：

$$\alpha = \frac{k}{k-1}\left(1 - \frac{\sum_{i=1}^{k} F_i^2}{F_r^2}\right) \quad (6.7)$$

式中，k 表示问卷量表题目总数，F_i^2 表示第 i 题得分的内部分差，F_r^2 表示全部题项的总分差。国外学者 Nunnally 认为 α 系数值等于 0.7，是一个较低但可以接受的量表边界值[197]；而 Devellis 则认为，α 系数如果在 0.6~0.65 应该舍弃，介于 0.65~0.7 是最小可接受值，0.7~0.8 已经相当好了，倘若能达到 0.8~0.9 就非常完美[198]。综合上述学者观点，书中给出信度可行区间对照表，如表 6.7 所示。

表 6.7 Cronbach's Alpha 系数与信度对照表

Cronbach's alpha	>0.9	0.7~0.9	0.60~0.7	0.60 以下
可信程度	非常好	很好	可接受	低信度（舍弃）

书中使用统计软件 SPSS20.0 计算问卷中各变量之间的 α 系数值，如表 6.8

所示。其中，上市公司基本信息、治理结构的 α 值在 0.8 以上，而行业背景及经营状况的 α 值在 0.7~0.8，说明变量和测度项之间的设计较合理，各测量项目之间具有较好的一致性。

表 6.8 调查样本信度检验

类别	项数	Cronbach's alpha	可信程度
基本信息	3	0.824	很好
行业背景	3	0.751	很好
治理结构	3	0.823	很好
经营状况	4	0.778	很好

4. 效度检验

效度（Validity）分为三种类型，分别为内容效度（Content Validity）、效标关联效度（Criterion Validity）及结构效度（Construct Validity），是指测量工具或手段能够准确测出所需测量的事物特质的程度，效度越高表明排除系统误差的能力越强[199]。在实际中，效度检验通常采用 KMO 样本测试和 Bartlett 球形检验法进行相应检验，表 6.9 给出了 KMO 样本测度的判断标准。

表 6.9 KMO 样本测度的判断标准

KMO	≥0.9	0.8~0.9	0.7~0.8	0.6~0.7	0.5~0.6	0.5 以下
适合程度	非常适合	很适合	适合	不太适合	很勉强	不适合

本次调查的 KMO 样本测度和 Bartlett 球形检验结果如表 6.10 所示，其中，KMO 度量值为 0.831，Bartlett 球形度检验的 p 值为 0，表示 KMO 值大于 0.7 这一效度临界值，并且统计结果显著。

表 6.10 调查样本的 KMO 和 Bartlett 检验结果

序号	检验项目	结果
1	KMO 样本拟合度	0.831

续表

序号	检验项目		结果
2	Bartlett 球形检验	Approx. Chi-Square	5 913.156
3		自由度 df	1 343
4		显著性概率 Sig.	0.000

6.3 基于风险测度的签字注册会计师派出决策模型构建

制定签字注册会计师派出决策，首先需要对上市公司经营风险进行测度及评价。常用的风险测度及评价方法主要包括因子分析法、层次分析法、数据包络分析等，这些方法在具体应用过程中各自有优势及局限。上市公司风险测度及评价属于多属性决策问题的范畴，针对其中的定性指标而言，需要由专家对待评价元依据某种评价准则进行评判，选择合适的数据建模方法，对待评价元进行优劣排序。然而，上市公司风险评价过程具有其复杂性，评价内容涉及上市公司行业背景、自身治理结构、经营状况、财务状况等方方面面，受限于决策者专业领域知识的有限性，难以对所有评价元给出全面、科学、准确的评价；此外，风险事件并不是孤立存在的，上市公司经营风险牵涉的点多、面广，不同的风险来源之间有着千丝万缕的联系。这些特点都使得基于确定条件下的多属性决策方法的评价效果大打折扣。

直觉三角模糊数在三角模糊数的基础上，增加了非隶属度变量，同时也对模糊数进行了扩展，将离散数据连续化，使得变量数据的转化更加接近于实际，能够更好地描述不确定变量，较区间数、三角模糊数以及梯形模糊数等具有一定的优势，近年来在指标间有关联关系的多属性决策问题上得到广泛应用。根据上文分析，上市公司经营风险测度指标体系同时具有复杂性、不确定性及风险之间相互关联性等特征，为使评价结果更具合理性，书中使用基于直觉三角模糊数的TOPSIS评价方法进行上市公司经营风险测度及评价。

6.3.1 直觉三角模糊数相关概念

定义 6.1[200]：设 R 为实数集，$\tilde{a} = <(\underline{a}, a, \bar{a}); u_{\tilde{a}}, v_{\tilde{a}}>$ 为 R 上的一个直觉模糊数，其隶属度函数 $u_{\tilde{a}}(x)$ 和非隶属度函数 $v_{\tilde{a}}(x)$ 分别为：

$$u_{\tilde{a}}(x) = \begin{cases} \dfrac{x - \underline{a}}{a - \underline{a}} u_{\tilde{a}}, & \underline{a} \leqslant x < a \\ \dfrac{\bar{a} - x}{\bar{a} - a} u_{\tilde{a}}, & a \leqslant x \leqslant \bar{a} \\ 0, & \text{其他} \end{cases} \quad (6.8)$$

$$v_{\tilde{a}}(x) = \begin{cases} \dfrac{a - x + (x - \underline{a}) v_{\tilde{a}}}{a - \underline{a}}, & \underline{a} \leqslant x < a \\ \dfrac{x - a + (\bar{a} - x) v_{\tilde{a}}}{\bar{a} - a}, & a \leqslant x \leqslant \bar{a} \\ 0, & \text{其他} \end{cases} \quad (6.9)$$

式中，$\underline{a}, a, \bar{a}$ 为实数，$0 \leqslant u_{\tilde{a}} \leqslant 1, 0 \leqslant v_{\tilde{a}} \leqslant 1$ 且 $u_{\tilde{a}} + v_{\tilde{a}} \leqslant 1$，则称 $\tilde{a} = <(\underline{a}, a, \bar{a}); u_{\tilde{a}}, v_{\tilde{a}}>$ 为直觉三角模糊数（Triangular Intuitionistic Fuzzy Number，TIFN），如图 6.2 所示。

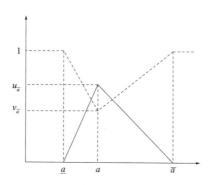

图 6.2 直觉三角模糊数分布

对于直觉三角模糊数，$M = <(m_l, m_m, m_r); u_m, v_m>$，$N = <(n_l, n_m, n_r); u_n, v_n>$，有下列运算[201]：

$$M \pm N = [(m_l \pm n_l, m_m \pm n_m, m_r \pm n_r); min\{u_m, u_n\}, \max\{v_m, v_n\}] \quad (6.10)$$

$$\mu M = \begin{cases} <(\mu m_l, \mu m_m, \mu m_r); u_m, v_m>, \mu > 0 \\ <(\mu m_r, \mu m_m, \mu m_l); u_m, v_m>, \mu > 0 \end{cases} \quad (6.11)$$

$$MN = [(m_l n_l, m_m n_m, m_r n_r); min\{u_m, u_n\}, max\{v_m, v_n\}] \quad (6.12)$$

定义 6.2[202]：设 $\tilde{a}_i = <(\underline{a}_i, a_i, \bar{a}_i); u_{\tilde{a}_i}, v_{\tilde{a}_i}>(i=1,2)$ 为两个 TIFN，则二者之间的 Hamming 距离为：

$$d(\tilde{a}_1, \tilde{a}_2) = \frac{1}{6}[\,|(1+u_{\tilde{a}_1}-v_{\tilde{a}_1})\underline{a}_1 - (1+u_{\tilde{a}_2}-v_{\tilde{a}_2})\underline{a}_2| + \\ |(1+u_{\tilde{a}_1}-v_{\tilde{a}_1})a_1 - (1+u_{\tilde{a}_2}-v_{\tilde{a}_2})a_2| + |(1+u_{\tilde{a}_1}-v_{\tilde{a}_1})\bar{a}_1 - \\ (1+u_{\tilde{a}_2}-v_{\tilde{a}_2})\bar{a}_2|\,] \quad (6.13)$$

定义 6.3：设 $\tilde{a}_j(j=1,2,\cdots,n)$ 为一组 TIFN，设 TIFOWA: $\Omega^n \to \Omega$，若：

$$TIFOWA_w(\tilde{a}_1, \tilde{a}_2, \cdots, \tilde{a}_n) = \sum_{j=1}^n w_j \tilde{a}_{\sigma(j)} \quad (6.14)$$

式中，$w = (w_1, w_2, \cdots, w_n)^T$ 是与 TIFOWA 相关联的加权向量，$0 \leq w_j \leq 1$（$j=1,2,\cdots,n$），且 $\sum_{j=1}^n w_j = 1$，$(\sigma(1), \sigma(2), \cdots, \sigma(n))$ 是 $(1,2,\cdots,n)$ 的一个置换，使得 $\tilde{a}_{\sigma(j-1)} \geq \tilde{a}_{\sigma(j)}$，称此时的函数 TIFOWA 是 n 维 TIFN 有序加权平均算子。特别地，若 $w_j = \frac{1}{n}$，则 TIFOWA 退化为平均算子 TIFA。

特别地，上述加权向量 $w = (w_1, w_2, \cdots, w_n)^T$ 还可采用有序加权平均算子 OWA 中的相关权重确定方法进行计算，过程如下：

$$w_i = Q(\frac{i}{n}) - Q(\frac{i-1}{n})(i=1,2,\cdots,n) \quad (6.15)$$

式中，$Q:[0,1] \to [0,1]$ 为单位区间单调函数，$Q(0)=0, Q(1)=1$，若 $x > y$，则 $Q(x) > Q(y)$。

6.3.2 TOPSIS 评价方法相关概念

TOPSIS 评价法又称"逼近理想值排序法"，属于多属性决策的范畴，由 Hwang 和 Yoon（1981）首次提出[203]。通过引入正负理想解，将各备选方案与之进行比较，利用最接近正理想解且最远离负理想解准则来确定最优决策方案，鉴于其便捷性及灵活性,其在各类评价中均得到广泛应用。

TOPSIS 评价方法[204]具体步骤如下:

1. 确定初始评价矩阵

设有 m 个待评价元,每个待评价元有 n 个属性值,第 i 个待评价元的第 j 个属性值记为 x_{ij},$1 \leq i \leq m$,$1 \leq j \leq n$,得到初始评价矩阵如下:

$$\boldsymbol{X} = (x_{ij})_{m \times n} = \begin{bmatrix} x_{11} & x_{12} & \cdots & x_{1n} \\ x_{21} & x_{22} & \cdots & x_{2n} \\ \vdots & \vdots & & \vdots \\ x_{m1} & x_{m2} & \cdots & x_{mn} \end{bmatrix} \tag{6.16}$$

2. 规范化评价矩阵

将初始评价矩阵 $\boldsymbol{X} = (x_{ij})_{m \times n}$ 标准化为无量纲属性的决策矩阵 $\boldsymbol{R} = (r_{ij})_{m \times n}$。

$$r_{ij} = \frac{x_{ij}}{\sqrt{\sum_{i=1}^{m} x_{ij}^2}}, (i = 1, 2, \cdots, m; j = 1, 2, \cdots, n) \tag{6.17}$$

3. 加权规范化评价矩阵

根据决策者确定的权重向量 $\boldsymbol{w} = (w_1, w_2, \cdots, w_n)^T$,构造加权规范化评价矩阵 $\boldsymbol{G} = (g_{ij})_{m \times n}$,其中 $g_{ij} = w_j x_{ij}$,$i = 1, 2, \cdots, m$,$j = 1, 2, \cdots, n$。

4. 确定正理想解 A^+ 和负理想解 A^-

$$A^+ = \{g_1^+, g_2^+, \cdots, g_n^+\} = \{\max_{1 \leq i \leq m} g_{ij} | i = 1, 2, \cdots, m\} \tag{6.18}$$

$$A^- = \{g_1^-, g_2^-, \cdots, g_n^-\} = \{\min_{1 \leq i \leq m} z_{ij} | i = 1, 2, \cdots, m\} \tag{6.19}$$

5. 计算待评价元与正负理想解间的距离

$$d_i^+ = \sqrt{\sum_{j=1}^{n}(g_{ij} - g_j^+)^2}, i = 1, 2, \cdots, m \tag{6.20}$$

$$d_i^- = \sqrt{\sum_{j=1}^{n}(g_{ij} - g_j^-)^2}, i = 1, 2, \cdots, m \tag{6.21}$$

6. 计算待评价元与正理想解的贴近度

$$\eta_i = \frac{d_i^-}{d_i^- + d_i^+}, i = 1, 2, \cdots, m \tag{6.22}$$

7. 对待评价元进行排序

根据待评价元与正理想解的贴近度 η_i 对待评价元进行排序分类,贴近度越大，排序越靠前。

6.3.3 基于直觉三角模糊数 TOPSIS 的上市公司经营风险测度模型

1. 模型描述

书中构建的模型共包括 m 个待评价元 A_1，A_2，$\cdots$，A_m，每个待评价元对应 n 个评价指标 s_1，s_2，$\cdots$，s_n，假定有 K 个决策者 D_1，D_2，$\cdots$，D_k 进行群体决策，$\tilde{a}_{ij}^k$ 表示第 K 个决策者 D_k 对第 i 家上市公司 A_i 的第 j 个指标 s_j 的模糊评价值，记为 $\tilde{a}_{ij}^k = <(\underline{a}_{ij}^k, a_{ij}^k, \bar{a}_{ij}^k); u_{\tilde{a}_{ij}^k}, v_{\tilde{a}_{ij}^k}>$。

2. 建模步骤

下面给出基于直觉三角模糊数的 TOPSIS 评价模型构建过程，步骤如下：

1) 确定决策者权重信息

由于每个评价指标的含义及重要性不同，需要决策者对各评价指标赋予不同的重要性评价信息，假设决策者对于评价指标 s_j 的权重为 $\omega_j(j=1, 2, \cdots, n)$，满足 $\omega_j \in [0, 1]$，$\sum_{j=1}^{n} \omega_j = 1$。所有评价指标的权重向量可表示为 $\boldsymbol{\omega} = (\omega_1, \omega_2, \cdots, \omega_n)^T$。

2) 确定群决策评价矩阵

因为 $\tilde{a}_{ij}^k$ 表示第 K 个决策者对第 i 家上市公司的第 j 个指标 s_j 的模糊评价值，且记为 $\tilde{a}_{ij}^k = <(\underline{a}_{ij}^k, a_{ij}^k, \bar{a}_{ij}^k); u_{\tilde{a}_{ij}^k}, v_{\tilde{a}_{ij}^k}>$，则第 i 家上市公司的第 j 个指标 s_j 的最终评价结果可通过对所有决策结果求均值得到，以缩小不同决策者之间的评价差异：

$$\tilde{a}_{ij} = <\frac{1}{k}\sum_{k=1}^{K}\tilde{a}_{ij}^k = \frac{\tilde{a}_{ij}^1 + \tilde{a}_{ij}^2 + \cdots + \tilde{a}_{ij}^k}{k}; u_{\tilde{a}_{ij}}, v_{\tilde{a}_{ij}}>$$

$$= <\frac{1}{k}(\sum_{k=1}^{K}\underline{a}_{ij}^k, \sum_{k=1}^{K}\tilde{a}_{ij}^k, \sum_{k=1}^{K}\bar{a}_{ij}^k); u_{\tilde{a}_{ij}}, v_{\tilde{a}_{ij}}> \quad (6.23)$$

据此得到群决策评价矩阵：

$$\tilde{\boldsymbol{D}} = \tilde{D}_{i,j}^k = \begin{bmatrix} \tilde{a}_{11} & \tilde{a}_{12} & \cdots & \tilde{a}_{1n} \\ \tilde{a}_{21} & \tilde{a}_{22} & \cdots & \tilde{a}_{23} \\ \vdots & \vdots & & \vdots \\ \tilde{a}_{m1} & \tilde{a}_{m2} & \cdots & \tilde{a}_{m3} \end{bmatrix}, k = 1, 2, \cdots, K$$

3）规范化（标准化）群决策评价矩阵

模糊评价值 $\tilde{a}_{ij} = <(\underline{a}_{ij}, a_{ij}, \bar{a}_{ij}); u_{\tilde{a}_{ij}}, v_{\tilde{a}_{ij}}>$ 是一个直觉三角模糊数，根据 s_i 指标的具体类型，对其分别进行标准化，其中：

效益型指标标准化计算公式：

$$\tilde{r}_{ij} = <\left(\underline{a}_{ij}/\sqrt{\sum_{i=1}^{m}(\bar{a}_{ij})^2}, a_{ij}/\sqrt{\sum_{i=1}^{m}(a_{ij})^2}, \bar{a}_{ij}/\sqrt{\sum_{i=1}^{m}(\underline{a}_{ij})^2}\right); u_{\tilde{a}_{ij}}, v_{\tilde{a}_{ij}}> \quad (6.24)$$

成本型指标标准化计算公式：

$$\tilde{r}_{ij} = <\left(\frac{1}{\bar{a}_{ij}}/\sqrt{\sum_{i=1}^{m}\left(\frac{1}{\underline{a}_{ij}}\right)^2}, \frac{1}{a_{ij}}/\sqrt{\sum_{i=1}^{m}\left(\frac{1}{a_{ij}}\right)^2}, \frac{1}{\underline{a}_{ij}}/\sqrt{\sum_{i=1}^{m}\left(\frac{1}{\bar{a}_{ij}}\right)^2}\right); u_{\tilde{a}_{ij}}, v_{\tilde{a}_{ij}}> \quad (6.25)$$

将群决策评价矩阵 $\tilde{D}$ 规范化为：

$$\tilde{R} = (\tilde{r}_{ij}) = \begin{bmatrix} \tilde{r}_{11} & \tilde{r}_{12} & \cdots & \tilde{r}_{1n} \\ \tilde{r}_{21} & \tilde{r}_{22} & \cdots & \tilde{r}_{2n} \\ \vdots & \vdots & & \vdots \\ \tilde{r}_{m1} & \tilde{r}_{m2} & \cdots & \tilde{r}_{mn} \end{bmatrix}, j = 1,2,\cdots,n \quad (6.26)$$

4）加权群决策评价矩阵

根据决策者权重向量及规范化评价矩阵 $\tilde{R}$ 确定加权群决策评价矩阵 $\tilde{G} = (\tilde{g}_{ij})_{m \times n}$：

$$\tilde{g}_{ij} = w_j \tilde{r}_{ij} \quad (6.27)$$

5）定义理想方案

理想方案通过定义正理想解 A^+ 和负理想解 A^- 进行确定：

$$A^+ = \{g_1^+, g_2^+, \cdots, g_n^+\} \quad (6.28)$$

$$A^- = \{g_1^-, g_2^-, \cdots, g_n^-\} \quad (6.29)$$

其中，当指标属性为效益型时：

$$g_1^+ = <(\max_{1 \leq i \leq m}\{\underline{g}_{ij}\}, \max_{1 \leq i \leq m}\{g_{ij}\}, \max_{1 \leq i \leq m}\{\bar{g}_{ij}\}); \max_{1 \leq i \leq m}\{u_{ij}\}, \min_{1 \leq i \leq m}\{v_{ij}\}> \quad (6.30)$$

$$g_1^- = <(\min_{1 \leq i \leq m}\{\underline{g}_{ij}\}, \min_{1 \leq i \leq m}\{g_{ij}\}, \min_{1 \leq i \leq m}\{\bar{g}_{ij}\}); \min_{1 \leq i \leq m}\{u_{ij}\}, \max_{1 \leq i \leq m}\{v_{ij}\}> \quad (6.31)$$

当指标属性为成本型时：

$$g_1^+ = <(\min_{1 \leq i \leq m}\{\underline{g}_{ij}\}, \min_{1 \leq i \leq m}\{g_{ij}\}, \min_{1 \leq i \leq m}\{\bar{g}_{ij}\}); \min_{1 \leq i \leq m}\{u_{ij}\}, \max_{1 \leq i \leq m}\{v_{ij}\}> \quad (6.32)$$

$$g_1^- = <(\max_{1\leq i\leq m}\{g_{ij}\},\max_{1\leq i\leq m}\{g_{ij}\},\max_{1\leq i\leq m}\{g_{ij}\});\max_{1\leq i\leq m}\{u_{ij}\},\min_{1\leq i\leq m}\{v_{ij}\}> \quad (6.33)$$

特别地，对于文中相关定量指标，其正负理想解分别应用指标数值的最大值或最小值代替，即：

$$g_j^+ = \max_{1\leq i\leq m}(g_{ij}), g_j^- = \min_{1\leq i\leq m}(g_{ij}), j = 1,2,\cdots,n_1 \quad (6.34)$$

6) 计算待评价元综合属性值与正负理想解间的距离

对于定量指标部分，距离计算公式如下：

$$d_{i1}^+ = [\sum_{j=1}^{n_1}(g_{ij}-g_j^+)^2]^{1/2}, i = 1,2,\cdots,m \quad (6.35)$$

$$d_{i1}^- = [\sum_{j=1}^{n_1}(g_{ij}-g_j^-)^2]^{1/2}, i = 1,2,\cdots,m \quad (6.36)$$

对于定性指标部分，距离计算公式如下：

$$\begin{aligned}d_{i2}^+ = \frac{1}{6}[&|(1+u_{\tilde{g}_{ij}}-v_{\tilde{g}_{ij}})\underline{g}_{ij}-(1+u_{\tilde{g}_j^+}-v_{\tilde{g}_j^+})\underline{g}_j^+|+\\&|(1+u_{\tilde{g}_{ij}}-v_{\tilde{g}_{ij}})g_{ij}-(1+u_{\tilde{g}_j^+}-v_{\tilde{g}_j^+})g_j^+|+\\&|(1+u_{\tilde{g}_{ij}}-v_{\tilde{g}_{ij}})\bar{g}_{ij}-(1+u_{\tilde{g}_j^+}-v_{\tilde{g}_j^+})\bar{g}_j^+|]\end{aligned} \quad (6.37)$$

$$\begin{aligned}d_{i2}^- = \frac{1}{6}[&|(1+u_{\tilde{g}_{ij}}-v_{\tilde{g}_{ij}})\underline{g}_{ij}-(1+u_{\tilde{g}_j^-}-v_{\tilde{g}_j^-})\underline{g}_j^-|+\\&|(1+u_{\tilde{g}_{ij}}-v_{\tilde{g}_{ij}})g_{ij}-(1+u_{\tilde{g}_j^-}-v_{\tilde{g}_j^-})g_j^-|+\\&|(1+u_{\tilde{g}_{ij}}-v_{\tilde{g}_{ij}})\bar{g}_{ij}-(1+u_{\tilde{g}_j^-}-v_{\tilde{g}_j^-})\bar{g}_j^-|]\end{aligned} \quad (6.38)$$

由式（6.35）和（6.37），可计算得到待评价元综合属性值与正理想解间的距离：

$$d_i^+ = \sqrt{(d_{i1}^+)^2+(d_{i2}^+)^2}, i = 1,2,\cdots,m \quad (6.39)$$

由式（6.36）和（6.38），可计算得到待评价元综合属性值与负理想解间的距离：

$$d_i^- = \sqrt{(d_{i1}^-)^2+(d_{i2}^-)^2}, i = 1,2,\cdots,m \quad (6.40)$$

7) 计算待评价元与正理想解的贴近度

$$\eta_i = \frac{d_i^-}{d_i^+ + d_i^-}, i = 1,2,\cdots,m \quad (6.41)$$

η_i 介于 0 到 1 之间,相对贴近度越大,待评价元的综合属性值越高,据此可确定待评价元的排序。

8) 确定最终结果排序

根据相对贴近度的综合评价结果对各待评价元进行排序。

6.3.4 签字注册会计师派出决策模型

审计服务具有"可替代性"较差同时"供给黏性"较高等特征,究其原因,审计服务的供给需要大量的前期投入,并转化成丰富的工作经验和成熟的职业判断,对于审计工作人员而言,工作经验及职业判断至关重要。国外学者 Francis 等(2005)[81]通过研究发现,具备行业专长的会计师事务所借助于其在行业中的专家地位更倾向于收取审计费用溢价,同时审计质量也会更高。Numan 和 Willekens(2011)[83]通过在审计费用及审计质量模型中引入"距离"(Distance)指标,描述会计师事务所同其竞争者之间市场份额的差距,并观察其对审计市场产出的影响,结果表明,那些与其竞争者市场份额差距更大且市场份额更多的会计师事务所也更倾向于收取审计费用溢价,但同时伴随着更高的审计质量。

根据国家规定,除了会计师事务所,任何个人不具备申请证券从业资格审计的条件,所有取得 CPA 证书的注册会计师必须挂靠在会计师事务所开展审计业务。因此,审计业务承揽必须借助会计师事务所完成。然而,在上市公司与会计师事务所正式确立委托代理关系,进入审计工作执行期后,会计师事务所会对上市公司进行全面的风险评估,并据此确定签字注册会计师的派出策略,安排审计团队开展审计工作。基于以上分析,书中将已有学者的研究成果从会计师事务所推广至签字注册会计师,将签字注册会计师的行业专长及执业年限的联合指标作为签字注册会计师个人胜任能力的替代变量,通过构建模型,确定签字注册会计师的派出决策。

1. 行业专长

行业专长描述的是签字注册会计师在某一行业领域内是否具有专家地位,通常通过计算签字注册会计师承担审计业务的上市公司在所属行业所有上市公司中

的占比情况,也从侧面反映了该签字注册会计师的专业胜任能力及技术水平,具体计算公式如下所示:

$$\text{Expertise} = \frac{\sum_{i=1}^{n} a_{ik}}{A_k}, \quad i = 1, \cdots, n \tag{6.42}$$

式中,a_{ik} 表示行业 k 中上市公司 i 的期末资产总额,A_k 表示行业 k 中上市公司的期末资产总额之和。

2. 执业年限

执业年限描述的是签字注册会计师进入会计师事务所之后,从事上市公司审计业务的年限,从侧面反映了该签字注册会计师工作经验及职业判断能力。具体计算公式如下所示:

$$\text{Experience} = \ln \text{year}, \text{year} = 1, \cdots, n \tag{6.43}$$

式中,year 表示签字注册会计师从事上市公司审计业务的执业年限。

在实际工作过程中,会计师事务所应根据拟承接客户的经营风险评估结果,结合会计师事务所内部签字注册会计师的行业专长及执业年限,确定签字注册会计师的派出策略,原则为:对于经营风险较高的上市公司,应派驻具备行业专长及较高执业年限的签字注册会计师。

3. 模型构建

签字注册会计师派出决策模型综合考虑签字注册会计师的行业专长及执业年限,对其胜任能力进行整体测算,并进行排序,据此确定派出决策,测算模型如下:

$$L_j = w_1 \text{Expertise}_j + w_2 \text{Experience}_j, j = 1, \cdots, n \tag{6.44}$$

式中,Expertise_j 表示签字注册会计师 j 的行业专长指标,Experience_j 表示签字注册会计师 j 的执业年限指标,w_1 表示行业专业的权重,w_2 表示执业年限的权重,L_j 是签字注册会计师 j 的胜任能力指数。

通过对会计师事务所中签字注册会计师胜任能力指数进行计算及排序,结合被审计公司经营风险测度排序,确定最终的派出决策。原则上胜任能力指数越高的签字注册会计师应被派往风险越高的上市公司。

6.4 实证研究

选取 2016 年度由瑞华会计师事务所承担年度审计任务的 10 家上市公司（股票代码分别为：000065，000402，000916，000996，002362，600031，600118，600405，600429，600435），分别记为 $A_1, A_2, \cdots, A_{10}$，为了获取上市公司经营风险测度指标体系各个待评价元的评价数据，特邀请 10 位上市公司资深风险评估专家对待评价元的风险评价指标进行评判，同时综合确定各评价指标的权重信息，即 $k=10$。根据上市公司经营风险测度指标体系中各指标性质确定数据来源，其中，财务状况维度 8 个指标的原始数据均来源于 2016 年上市公司年度报告，按公式计算获取，基本信息、行业背景、治理结构及经营状况等定性指标数据通过专家综合决策确定，调查年份均为 2016 年度。签字注册会计师个人特征相关数据通过结合 2016 年度年报及手工搜集整理确定。

6.4.1 上市公司经营风险测度

1. 确定评价因素集

书中的评价因素集是上市公司经营风险测度指标的集合，由于专家对各个指标的判断具有模糊性，因此使用语义判断矩阵进行表示，该矩阵用直觉三角模糊数表示每个语义判断值。将评价结果分为 5 个等级，分别为：{非常低,低,一般,高,非常高}，其中，数值越大表示经营风险程度越高。参照已有文献[205]，语义变量与直觉三角模糊数之间的对应关系如表 6.11 所示，模糊语义隶属函数如图 6.3 所示。

表 6.11 待评价元语义变量表

语义变量	语义值	直觉三角模糊数
非常高	(0.8, 0.9, 1)	((0.7, 1, 1); 0.5, 0.4)
高	(0.6, 0.7, 0.8)	((0.5, 0.75, 1); 0.6, 0.3)
一般	(0.4, 0.5, 0.6)	((0.3, 0.5, 0.7); 0.4, 0.2)

续表

语义变量	语义值	直觉三角模糊数
低	(0.2, 0.3, 0.4)	((0, 0.25, 0.5); 0.6, 0.3)
非常低	(0, 0.1, 0.2)	((0, 0, 0.3); 0.7, 0.3)

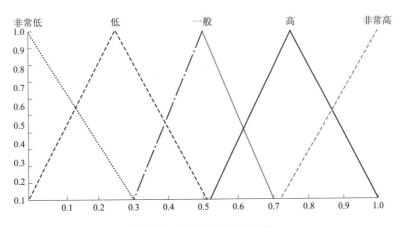

图 6.3　模糊语义隶属函数

2. 确定群决策评价矩阵

集结 10 位专家，通过问卷调查、实地访谈等方式，对 10 家上市公司经营风险测度指标进行初始数据收集，据此确定群决策评价矩阵。

3. 确定评价指标权重

根据 10 位专家对上市公司经营风险测度指标体系中不同指标重要度评价结果，对各指标进行赋权，并对赋权结果进行加权平均处理，得到待评价上市公司各经营风险测度指标权重，如表 6.12 所示。

表 6.12　上市公司各经营风险测度指标权重

指标	名称	专家赋权
s_1	所有权结构	0.011 4
s_2	组织结构	0.031 9
s_3	公司规模	0.052 1
s_4	行业性质	0.070 8

续表

指标	名称	专家赋权
s_5	行业发展状况	0.069 5
s_6	在行业中所处地位	0.029
s_7	董事会构成	0.028 3
s_8	审计委员会或监事会设立情况	0.033 5
s_9	内部控制缺陷	0.087 5
s_{10}	收入来源	0.097 8
s_{11}	供应链上下游	0.016 4
s_{12}	投资活动	0.068 4
s_{13}	筹资活动	0.015 9
s_{14}	流动比率	0.064 1
s_{15}	资产负债率	0.054 6
s_{16}	存货周转率	0.023 5
s_{17}	总资产周转率	0.037 9
s_{18}	营业利润率	0.063 5
s_{19}	净资产收益率	0.044 6
s_{20}	净利润增长率	0.035 4
s_{21}	净资产增长率	0.019 6

表中，上市公司公司规模、行业性质、行业发展状况、内部控制缺陷、收入来源、流动比率、资产负债率、营业利润率等指标专家权重相对较高，也反映出这些指标同上市公司经营风险联系较紧密。

4. 确定正负理想解

基于式（6.24）~式（6.26）对群决策评价矩阵进行规范化处理，得到规范化群决策评价矩阵 $\tilde{R}$，根据决策者权重向量及规范化群决策评价矩阵 $\tilde{R}$ 确定加权群决策评价矩阵 $\tilde{G}$。结合式（6.28）~式（6.34），确定正负理想解 A^+ 和 A^-，如表 6.13、表 6.14 所示。

表 6.13 正理想解 A^+

指标	s_1		s_2	
A^+	$<(0.143,0.175,0.213);0.8,0.1>$		$<(0.161,0.185,0.207);0.7,0.2>$	
指标	s_3		s_4	
A^+	$<(0.162,0.183,0.198);0.8,0.1>$		$<(0.170,0.189,0.201);0.7,0.2>$	
指标	s_5		s_6	
A^+	$<(0.137,0.176,0.188);0.8,0.1>$		$<(0.125,0.165,0.206);0.6,0.2>$	
指标	s_7		s_8	
A^+	$<(0.145,0.167,0.189);0.7,0.2>$		$<(0.154,0.167,0.193);0.8,0.1>$	
指标	s_9		s_{10}	
A^+	$<(0.132,0.158,0.176);0.7,0.2>$		$<(0.134,0.169,0.183);0.8,0.1>$	
指标	s_{11}		s_{12}	
A^+	$<(0.160,0.173,0.201);0.6,0.2>$		$<(0.158,0.176,0.195);0.7,0.2>$	
指标	s_{13}		s_{14}	
A^+	$<(0.142,0.169,0.183);0.8,0.1>$		$<(0.151,0.167,0.179);0.8,0.1>$	
指标	s_{15}	s_{16}	s_{17}	s_{18}
A^+	0.0986	0.031	0.0127	0.0549
指标	s_{19}	s_{20}	s_{21}	
A^+	0.0013	0.017	0.0091	

表 6.14 负理想解 A^-

指标	s_1	s_2
A^-	$<(0.121,0.163,0.195);0.5,0.4>$	$<(0.102,0.135,0.189);0.6,0.3>$
指标	s_3	s_4
A^-	$<(0.107,0.134,0.167);0.5,0.3>$	$<(0.113,0.158,0.179);0.6,0.3>$
指标	s_5	s_6
A^-	$<(0.078,0.121,0.145);0.5,0.2>$	$<(0.089,0.103,0.125);0.5,0.4>$
指标	s_7	s_8
A^-	$<(0.101,0.124,0.145);0.6,0.3>$	$<(0.076,0.103,0.125);0.5,0.4>$

续表

指标	s_9		s_{10}	
A^-	< (0.086,0.109,0.123);0.6,0.2 >		< (0.112,0.134,0.158);0.5,0.4 >	
指标	s_{11}		s_{12}	
A^-	< (0.096,0.136,0.154);0.5,0.3 >		< (0.121,0.133,0.145);0.6,0.3 >	
指标	s_{13}		s_{14}	
A^-	< (0.107,0.132,0.149);0.6,0.2 >		< (0.124,0.153,0.189);0.5,0.4 >	
指标	s_{15}	s_{16}	s_{17}	s_{18}
A^-	0	0	0	0
指标	s_{19}	s_{20}	s_{21}	
A^-	0	0	0	

5. 计算待评价元综合属性值与正负理想解间的距离

结合式（6.35）～（6.40），计算待评价元综合属性值与正负理想解间的距离，具体计算结果如表 6.15 所示。

6. 确定贴近度及最终排序

根据待评价元综合属性值与正负理想解的距离，按照式（6.41）计算贴近度并对结果进行排序，结果如表 6.15 所示。

表6.15 待评价元与正负理想解距离及贴近度排序

上市公司（股票代码）		d^+	d^-	η	排序
A_1	000065	0.198 2	0.067 9	0.255 2	8
A_2	000402	0.199 3	0.118 7	0.373 3	6
A_3	000916	0.164	0.047 9	0.226 1	9
A_4	000996	0.167 4	0.126 9	0.431 2	4
A_5	002362	0.132 5	0.210 4	0.613 6	1
A_6	600031	0.256 5	0.092	0.264 0	7
A_7	600118	0.253 3	0.046 8	0.155 9	10
A_8	600405	0.181	0.107 9	0.373 5	5
A_9	600429	0.128 7	0.181 9	0.585 6	2
A_{10}	600435	0.215 2	0.199 6	0.481 2	3

通过上市公司综合属性值及最终风险次序排名表可知，待评价的 10 家上市公司的上市公司经营风险测度指标体系最终风险评判结果为：$A_5 > A_9 > A_{10} > A_4 > A_8 > A_2 > A_6 > A_1 > A_3 > A_7$，即上市公司 A_5（股票代码：002362）经营风险最高，而上市公司 A_7（股票代码：600118）经营风险最低。

6.4.2 确定签字注册会计师派出决策

书中通过 2016 年度上市公司年报公开数据，提取瑞华会计师事务所 10 位签字注册会计师信息，记为 $B_1, B_2, \cdots, B_{10}$，并往前回溯手工搜集得到其执业年限数据，行业专长指标通过年报数据测算。结合式（6.42）及（6.43），计算得到 Expertise 和 Experience 指标值，各赋权重 0.5，通过式（6.44）综合得到各签字注册会计师胜任能力指标数值及排序，如表 6.16 所示。

表 6.16　签字注册会计师胜任能力排序

签字注册会计师	Expertise	Experience	L	次序排名
B_1	0.005 8	1.386 3	0.696 1	9
B_2	0.034 0	2.197 2	1.115 6	2
B_3	0.016 5	0.693 1	0.354 8	10
B_4	0.008 9	2.197 2	1.103 1	4
B_5	0.047 8	1.791 8	0.919 8	8
B_6	0.056 4	2.197 2	1.126 8	1
B_7	0.086 9	1.945 9	1.016 4	6
B_8	0.051 1	1.791 8	0.921 5	7
B_9	0.010 3	2.079 4	1.044 9	5
B_{10}	0.014 2	2.197 2	1.105 7	3

以上为瑞华会计师事务所 10 位签字注册会计师个人胜任能力的指标测算过程，由测算结果可知，10 位签字注册会计师个人胜任能力排序为：$B_6 > B_2 > B_{10} > B_4 > B_9 > B_7 > B_8 > B_5 > B_1 > B_3$，结合上节中对 10 家会计师事务所的经营风险测度结果，确定瑞华 10 位签字注册会计师派出策略，如图 6.4 所示。

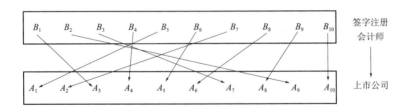

图 6.4　确定签字注册会计师派出决策

6.5　本章小结

为科学合理地确定会计师事务所对签字注册会计师的派出决策，本章节着眼于审计业务流程的前端，建立了基于直觉三角模糊数 TOPSIS 的上市公司经营风险测度模型，对上市公司经营风险进行综合评判，并据此构建基于风险测度的签字注册会计师派出决策模型，分析制定会计师事务所对签字注册会计师的派出决策。首先，对风险、审计风险、上市公司经营风险的相关概念及测定方法进行了阐述，提出本章节研究思路。其次，在走访调研、文献梳理的基础上，从上市公司基本信息、所处行业背景、公司治理结构、经营状况、财务状况 5 个维度进行经营风险指标提取，构建上市公司经营风险测度指标体系，详细介绍了各指标的数据来源。再次，介绍了直觉三角模糊数、TOPSIS 评价方法的相关概念及性质，结合上市公司经营风险测度指标体系的特点，建立直觉三角模糊数 TOPSIS 的上市公司经营风险测度模型，给出具体的建模步骤及求解过程，并据此构建基于风险测度的签字注册会计师派出决策模型。最后，以 2016 年度瑞华会计师事务所审计客户为例，选取 10 家上市公司作为研究对象，结合问卷调查获取的相关指标结果及上市公司年报公开数据，对会计师事务所签字注册会计师的派出决策进行了实证分析：进行了上市公司经营风险测度，验证了方法的适用性及有效性；同时，对签字注册会计师个人胜任能力进行测算，最后基于上市公司经营风险测度结果，制定会计师事务所签字注册会计师派出决策。

第 7 章

结论与展望

7.1 研究结论与成果

独立审计作为市场经济控制机制的重要组成部分,在我国上市公司股票发行、交易过程中起着重要的桥梁及监督作用,能够有效降低交易市场信息不对称的概率,保护外部投资者及债权人利益,然而,目前学术界对于上市公司与会计师事务所选聘过程缺乏专门的系统化研究。在此背景下,综合运用管理学、博弈理论、风险理论、决策理论等学科领域知识,采用定量与定性相结合的方法,对我国审计市场中上市公司与会计师事务所选聘流程、影响因素及签字注册会计师派出决策模型进行了全面研究,具体的探究成果及结论有以下几个方面。

(1) 将审计市场看作一个封闭的复杂系统,其中上市公司与会计师事务所是关系最为密切的作用双方,同时也是风险、收益共担的利益共同体,借助博弈理论,深入剖析上市公司与会计师事务所聘用关系的形成过程及作用机理。首先,梳理上市公司与会计师事务所聘用关系建立流程。根据不同时期双方工作内容,构建两阶段博弈模型,给出具体的博弈研究思路。其次,将第一阶段定义为选聘关系形成期,构建上市公司与会计师事务所动态博弈模型,讨论上市公司及会计师事务所在不同均衡状态下的最优选聘策略。最后,将第二阶段定义为审计工作执行期,构建上市公司与会计师事务所演化博弈模型,对上市公司及会计师事务所在审计工作执行期的互动策略进行刻画,分析博弈双方演化路径及稳定策略,对包括上市公司实施财务舞弊获取的违规收益 u_a 在内的 9 个影响因素进行数值仿真敏感性分析。同时，基于博弈机理分析结果，分析提出全书理论框架。

（2）对上市公司选聘会计师事务所的影响因素构成进行分析，划分为内部和外部两个方面。其中内部主要包括上市公司、会计师事务所特质性因素，外部主要指审计市场供需结构。书中基于 2007—2016 年沪深两市 A 股上市公司财务数据，引入新的反映审计市场供需状况的变量，构建面板数据计量模型，以省域作为基础研究单位，实证检验我国省级层面审计市场供需不平衡对会计师事务所选聘的影响。研究结果发现，审计市场的供需不平衡状态在我国省域内普遍存在，当存在供需不平衡时，会计师事务所供给每增加 1 个标准单位，客户选聘本地会计师事务所的可能性增加 1.5%，其中 Big4 会计师事务所、Next6 会计师事务所及 Small 会计师事务所供给每增加 1 个标准单位，客户选聘本地会计师事务所的可能性增加 1.6%、1.4% 和 3.0%。客户选聘本地 Big4 会计师事务所的概率随着该区域内 Non-Big4 会计师事务所供给水平的提高而降低。

（3）在探讨我国省级层面审计市场供需结构对会计师事务所选聘影响之后，将研究视角往审计链条的后端推进，实证检验审计市场供需不平衡对会计师事务所审计行为的影响，具体包括对审计费用和审计质量的影响。本章节以 2007—2013 年沪深两市 A 股上市公司年度数据为样本，实证检验我国省级层面审计市场供需结构对审计费用及审计质量的影响，并利用审计工时数据研究探索审计市场供需结构对审计质量的影响作用机制。结果表明：①当存在省级层面会计师事务所供需不平衡时，Big4、Next6 及 Small 会计师事务所供给每增加 1 个标准单位，审计费用将分别增加近 2%、降低 1.5% 和 9.9%；②剔除会计师事务所合并因素后，随着 Big4 及 Next6 会计师事务所供给的增加，会计师事务所出具非标准审计意见的可能性升高，随着 Small 会计师事务所供给的增加，会计师事务所出具非标准审计意见的可能性降低；③审计投入在会计师事务所供给与审计质量间起中介作用，具体而言，审计投入在 Big4 会计师事务所供给对审计质量的影响中发挥了完全中介效应，在 Next6 和 Small 会计师事务所供给对审计质量的影响中发挥了部分中介效应。

（4）以 2007—2016 年沪深两市 A 股上市公司为样本，选取表征公司经营状况及财务活动的相关指标，构建二元逻辑回归模型，考察我国审计市场中上市公司与会计师事务所的匹配度对审计费用及审计质量的影响。结果表明，在全部 11 896 个年度样本观测值中，上市公司与会计师事务所聘用关系表现为不匹配的观测值有 1 083 个，占全部观测值的 9.1%。上市公司与会计师事务所不匹配对于审计费用、审计质量均会产生显著影响，具体为：当存在客户与审计师向下的不匹配时，不匹配程度每增加一个标准单位，客户审计费用及操控性应计利润的绝对值分别降低 3.4% 和提高 0.9%；当存在客户与审计师向上的不匹配时，不匹配程度每增加一个标准单位，客户审计费用及操控性应计利润的绝对值分别提高 4.7% 和降低 0.6%。相比较而言，上市公司与会计师事务所向上的不匹配关系能够有效抑制客户的盈余管理行为，有利于审计市场及上市公司的良性运营。

（5）对风险、审计风险、上市公司经营风险的相关概念及测定方法进行了梳理和阐述；对全国排名前 20 位的会计师事务所展开了走访及调研，详细了解会计师事务所在业务承揽过程中基于上市公司风险评估工作的部分底稿及指标说明；并在此基础上，结合国内外学者的已有研究经验及研究成果，构建了上市公司经营风险测度指标体系，包括上市公司基本信息、所处行业背景、公司治理结构、经营状况、财务状况 5 大部分，共计 21 个指标，对于其中的定量指标，详细介绍了各指标的数据来源；对于基本信息、行业背景、治理结构及经营状况等无法通过公开数据直接测算的定性指标，统一通过设计调研问卷的方式获取数值，并进行了调查问卷的样本描述及信效度检验。

（6）鉴于上市公司经营风险测度指标体系同时具有复杂性、不确定性及风险之间相互关联性等特征，建立基于直觉三角模糊数 TOPSIS 的上市公司经营风险测度模型，给出具体的建模步骤及求解过程，并据此构建基于风险测度的签字注册会计师派出决策模型，确定上市公司对签字注册会计师的派出决策。为了验证模型的有效性及适用性，以瑞华会计师事务所为例，选取 10 家上市公司作为研究对象，以 2016 年作为调查年份，结合问卷调查获取的相关指标结果及上市公司年报公开数据，对会计师事务所签字注册会计师的派出决策进行实证分析，首先，对上市公司经营风险进行了测度，排序结果为：$A_5 > A_9 > A_{10} > A_4 > A_8 > A_2 > A_6 > A_1 > A_3 > A_7$。其次，对签字注册会计师的个人胜任能力进行测算排序，结果为：$B_6 > B_2 > B_{10} > B_4 > B_9 > B_7 > B_8 > B_5 > B_1 > B_3$，基于排序结果，确定会计师事务所签字注册会计师派出策略。

7.2 研究局限与展望

虽然书中对上市公司与会计师事务所双向选聘决策过程进行了较为系统的研究，丰富了审计市场、审计费用及审计质量相关理论，但是由于上市公司与会计师事务所选聘问题较为复杂，加之研究时间和篇幅的限制，所以无法对选聘所有问题进行详尽、深入研究。

（1）中国审计市场结构与西方发达国家的主要区别体现在 Big4 会计师事务所的市场集中度上，作为世界会计师事务所行业的巨头，其本身就具备很强的特殊性和研究价值，因此，书中多使用 Big4 会计师事务所作为参照组。随着我国本土会计师事务所"做强做大"，还可以考虑对我国审计市场结构按不同会计师事务所类型进一步区分进行完善研究。

（2）中国独特的审计报告制度使我们可以透过年度审计报告获取签字注册会计师相关信息，这也赋予我们一个独特的视角从签字注册会计师层面对这一问题展开更为深入的研究，然而，签字注册会计师个人信息均需手工搜集，工作量大、持续周期较长。抓紧搜集完善相关信息，深入开展签字注册会计师层面相关研究也是下一步亟待解决的问题。

（3）书中第 3 章至第 5 章均需要借助上市公司年报公开数据，选取相关指标，构建多元回归模型进行，受到年份及部分缺失指标的影响，如果增加样本量，结论当更具说服力。

参考文献

[1] http://www.soxlaw.com/.

[2] www.csrc.gov.cn.

[3] DEFOND M, ZHANG J Y. A Review of Archival Audit Research [J]. Journal of Accounting and Economics, 2014, 58 (2-3): 275-326.

[4] 周玮, 徐玉德, 王宁. 注册会计师的任期和强制轮换与会计盈余稳健性: 来自沪深A股上市公司的经验证据 [J]. 审计研究, 2012 (3): 90-97.

[5] 李爽, 吴溪. 签字注册会计师的自然轮换状态与强制轮换政策的初步影响 [J]. 会计研究, 2006 (1): 36-43.

[6] 吕兆德, 朱星文, 宗文龙. 民间审计地域特征研究: 来自中国A股市场的证据 [J]. 统计研究, 2007, 1: 40-46.

[7] 李训, 林川, 胡明. 我国地域关系对审计定价影响的实证研究 [J]. 财经论丛, 2013 (2): 93-100.

[8] ZANG Y, CHOI J H, KIM J B, et al. Geographic Proximity between Auditor and Client: How Does It Impact Audit Quality? [J]. Auditing: A Journal of Practice & Theory, 2012, 32 (2): 43-72.

[9] ETTREDGE M, SHERWOOD M, SUN L. Metro Area Office-Client Balance and Audit Market Outcomes [J]. SSRN, 2017.

[10] JOHNSON W B, LYS T. The Market for Audit Services: Evidence From Voluntary Auditor Changes [J]. Journal of Accounting and Economics, 1990, 12 (1-3): 281-308.

[11] SHU S. Auditor Resignations: Clientele Effects and Legal Liability [J]. Journal of Accounting and Economics, 2000, 29 (2): 173 – 206.

[12] BILLS K. The Effect of Significant Changes in Auditor Clientele and Auditor-Client Mismatches on Audit Quality [D]. Fort Collins: Colorado State University, 2012.

[13] AICPA Professional Standards: as of June 1, 1983.

[14] SAS No. 107., AU Section 312.02.

[15] JOHNSTONE K M, BEDARD J C. Risk Management in Client Acceptance Decisions [J]. The Accounting Review, 2003, 78 (4): 1003 – 1025.

[16] JOHNSTONE K M. Client-Acceptance Decisions: Simultaneous Effects of Client Business Risk, Audit Risk, Auditor Business Risk, and Risk Adaptation [J]. Auditing: A Journal of Practice & Theory, 2000, 19 (1): 1 – 25.

[17] HUSS H F, JACOBS F A. Risk Containment: Exploring Auditor Decisions in the Engagement Process [J]. Auditing: A Journal of Practice & Theory, 1991, 10 (2): 16 – 32.

[18] BELL T B, LANDSMAN W R, SHACKELFORD D A. Auditors' Perceived Business Risk and Audit Fees: Analysis and Evidence [J]. Journal of Accounting Research, 2001, 39 (1): 35 – 43.

[19] 威廉·R. 斯科特. 财务会计理论 [M]. 北京: 中国人民大学出版社, 2011.

[20] COASE R H. The Nature of the Firm [J]. Economica, 1937, 4 (16): 386 – 405.

[21] ALCHIAN A A, DEMSETZ H. Production, Information Costs, and Economic Organization [J]. The American Economic Review, 1972, 62 (5): 777 – 795.

[22] JENSEN M C, MECKLING W H. Theory of the Firm: Managerial Behavior, Agency Costs and Ownership Structure [J]. Journal of Financial Economics, 1976, 3 (4): 305 – 360.

[23] BALL R, BROWN P. An Empirical Evaluation of Income Numbers [J]. Jour-

nal of Accounting Research, 1968, 6 (2): 159 – 178.

[24] WALLACE W. The Economic Role of the Audit in Free and Regulated Markets [M]. New York: Macmillan Publishing Co., 1985.

[25] WALLACE W. Are Audit Fees Sufficiently Risk Adjusted [J]. Advances in Accounting, 1989, 7: 3 – 37.

[26] WATTS R L, ZIMMERMAN J L. Agency Problems, Auditing, and the Theory of the Firm: Some Evidence [J]. The Journal of Law and Economics, 1983, 26 (3): 613 – 633.

[27] CHOI J H, KIM J B, LIU X, et al. Audit Pricing, Legal Liability Regimes, and Big 4 Premiums: Theory and Cross - Country Evidence [J]. Contemporary Accounting Research, 2008, 25 (1): 55 – 99.

[28] CHOI J H, KIM J B, QIU A A, et al. Geographic Proximity Between Auditor and Client: How Does It Impact Qudit Quality? [J]. Auditing: A Journal of Practice & Theory, 2012, 31 (2): 43 – 72.

[29] SHI H G, ZHOU Q F. Does Low Price Competition of Non-Local Audit Exist? [J]. Journal of Chongqing University of Technology, 2015 (10): 90 – 95.

[30] LUNDSTROM N, YORE A. Why Do Clients Choose Nonlocal Auditors? [J]. SSRN, 2017.

[31] 余玉苗. 中国上市公司审计市场结构的初步分析 [J]. 经济评论, 2001 (3): 120 – 122.

[32] 耿建新, 杨鹤. 我国上市公司变更会计师事务所情况的分析 [J]. 会计研究, 2001, 4: 57 – 62.

[33] 张立民, 管劲松. 我国 A 股审计市场的结构研究: 来自 2002 上市公司年度报告的数据 [J]. 审计研究, 2004 (5): 31 – 36.

[34] 吕兆德, 朱星文, 宗文龙. 民间审计地域特征研究: 来自中国 A 股市场的证据 [J]. 统计研究, 2007, 24 (1): 40 – 46.

[35] 李训, 林川, 胡明. 我国地域关系对审计定价影响的实证研究 [J]. 财经论丛, 2013 (2): 93 – 100.

[36] 林钟高, 郑军, 彭琳, 等. 关系型交易、会计师事务所选聘与审计契约稳定性: 基于主要供应商/客户视角的经验证据 [J]. 中国会计评论, 2014 (z1): 419-452.

[37] 胡海燕, 唐建新. 招标选聘审计师、审计质量与审计费用 [J]. 会计研究, 2015 (3): 79-86.

[38] HAY D C, KNECHEL W R, WONG N. Audit Fees: A Meta-Analysis of the Effect of Supply and Demand Attributes [J]. Contemporary Accounting Research, 2006, 23 (1): 141-191.

[39] FAN J P H, WONG T J. Do External Auditors Perform a Corporate Governance Role in Emerging Markets? Evidence From East Asia [J]. Journal of Accounting Research, 2005, 43 (1): 35-72.

[40] LAWRENCE A, MINUTTI-MEAZ M, ZHANG P. Can Big 4 Versus Non-Big 4 Differences in Audit-Quality Proxies be Attributed to Client Characteristics? [J]. The Accounting Review, 2011, 86 (1): 259-286.

[41] LENNOX C. Management Ownership and Audit Firm Size [J]. Contemporary Accounting Research, 2005, 22 (1): 205-227.

[42] CASSELL C A, GIROUX G A, MYERS L A, et al. The Effect of Corporate Governance on Auditor-Client Realignments [J]. Auditing: A Journal of Practice & Theory, 2012, 31 (2): 167-188.

[43] 王鹏, 周黎安. 中国上市公司外部审计的选择及其治理效应 [J]. 中国会计评论, 2006, 4 (2): 321-344.

[44] 娄权. 股权结构、治理结构与审计师选聘: 基于委托代理理论的实证考察 [J]. 财会通讯: 学术版, 2006 (6): 6-8.

[45] 孙铮, 于旭辉. 分权与会计师事务所选择: 来自我国国有上市公司的经验证据 [J]. 审计研究, 2007 (6): 52-58.

[46] 张敏. 供应商—客户关系与审计师选择 [J]. 会计研究, 2013 (12): 81-86.

[47] 罗明琦, 赵环. 管理者权力影响审计师选择的经验证据 [J]. 财经问题研

究，2014（11）：93-98.

[48] 张建军，郑丹琳. 会计师事务所选聘特征与并购溢价的关系研究［J］. 商业会计，2017（23）：6-11.

[49] 李传宪，刘通. 上市公司终极控制人异质性与会计师事务所选择的关系探析［J］. 财会月刊，2017（9）：97-103.

[50] 《会计师事务所扩大规模若干问题的指导意见》，财协字〔2000〕26号，2000.

[51] 《关于加快发展我国注册会计师行业的若干意见》，国办发〔2009〕56号，2009.

[52] 《关于支持会计师事务所进一步做强做大的若干政策措施》，会协〔2012〕164号，2012.

[53] 中注协官网. http://www.cicpa.org.cn/news/201307/t20130709_41653.html.

[54] PRATT J, STICE J D. The Effect of Client Characteristicson Auditor Litigation Risk Adjustments, Required Audit Evidence, and Recommended Audit Fees [J]. The Accounting Review, 1994, 69 (4): 639-656.

[55] LANDSMAN W, NELSON K, ROUNTREE B. Auditor Switches in the Pre-and Post-Enron Eras: Risk or Realignment? [J]. The Accounting Review, 2009, 84 (2): 531-558.

[56] VENKATARAMAN R, WEBER J P, WILLENBORG M. Litigation Risk, Audit Quality, and Audit Fees: Evidence From Initial Public Offerings [J]. The Accounting Review, 2008, 83 (5): 1315-1345.

[57] LI Z, WONG T J, YU G. Information Dissemination Through Embedded Financial Analysts: Evidence From China [J]. The Accounting Review, 2020, 95 (2): 257-281.

[58] DODGSON M K, AGOGLIA C P, BENNETT G B, et al. Managing the Auditor-Client Relationship Through Partner Rotations: The Experiences of Audit Firm Partners [J]. The Accounting Review, 2020, 95 (2): 89-111.

[59] JOHNSTONE K M, BEDARD J C. Audit Firm Portfolio Management Decisions

[J]. Journal of Accounting Research, 2004, 42 (4): 659 – 690.

[60] KEUNE M B, JOHNSTONE K M. Materiality Judgments and the Resolution of Detected Misstatements: The Role of Managers, Auditors, and Audit Committees [J]. The Accounting Review, 2012, 87 (5): 1641 – 1677.

[61] COOK J, KOWALESKI Z T, MINNIS M, et al. Auditors are Known by the Companies They Keep [J]. Journal of Accounting and Economics, 2020, 70 (1): 101314.

[62] CHEN C, SU X, ZHAO R. An Emerging Market's Reaction to Initial Modified Audit Opinions: Evidence From the Shanghai Stock Exchange [J]. Contemporary Accounting Research, 2010, 17 (3): 429 – 455.

[63] 陈宋生, 陈海红, 潘爽. 审计结果公告与审计质量: 市场感知和内隐真实质量双维视角 [J]. 审计研究, 2014, 2: 18 – 26.

[64] 张金丹, 路军, 李连华. 审计报告中披露关键审计事项信息有助于提高审计质量吗: 报表盈余和市场感知双维度的经验证据 [J]. 会计研究, 2019, 6: 85 – 91.

[65] 张俊生, 汤晓建, 曾亚敏, 等. 审计费用信息隐藏与审计质量: 基于审计独立性和投资者感知视角的研究 [J]. 会计研究, 2017, 8: 90 – 95, 97.

[66] 李明辉, 杨鑫. 审计师质量对上市公司融资方式选择的影响: 来自中国资本市场的经验证据 [J]. 会计研究, 2014, 11: 75 – 82.

[67] 张俊民, 王文清, 傅绍正. 内部控制审计模式影响权益资本成本吗? [J]. 中央财经大学学报, 2018, 2: 65 – 75.

[68] 顾奋玲, 解角羊. 内部控制缺陷、审计师意见与企业融资约束: 基于中国A股主板上市公司的经验数据 [J]. 会计研究, 2018, 12: 77 – 84.

[69] CHENG C S A, WANG K, XU Y, et al. The Impact of Revealing Auditor Partner Quality: Evidence From a Long Panel [J]. Review of Accounting Studies, 2020, 25 (6): 1475 – 1506.

[70] 王文娜, 胡贝贝, 刘戒骄. 外部审计能促进企业技术创新吗: 来自中国企业的经验证据 [J]. 审计与经济研究, 2020, 3: 34 – 44.

[71] 李增泉. 关系型交易的会计治理：关于中国会计研究国际化的范式探析[J]. 财经研究, 2017, 2: 4-33.

[72] 武凯文. 上市公司的关系网络和事务所审计行为：基于公司年报文本分析的经验证据[J]. 上海财经大学学报, 2019, 21 (3): 75-91.

[73] YANG Z. Do Political Connections Add Value to Audit Firms? Evidence From IPO Audits in China [J]. Contemporary Accounting Research, 2013, 30 (3): 891-921.

[74] 廖义刚, 黄伟晨. 非正式审计团队与审计质量：基于团队与社会网络关系视角的理论分析与经验证据[J]. 审计研究, 2019, 4: 66-74.

[75] 陈信元, 夏立军. 审计任期与审计质量：来自中国证券市场的经验证据[J]. 会计研究, 2006 (1): 44-53.

[76] 刘启亮, 唐建新. 学习效应、私人关系、审计任期与审计质量[J]. 审计研究, 2009 (4): 52-64.

[77] 吴溪, 王春飞, 陆正飞. 独立董事与审计师出自同门是"祸"还是"福"：独立性与竞争—合作关系之公司治理效应研究[J]. 管理世界, 2015, 9: 137-146.

[78] HE X J, PITTMAN J A, RUI O M, et al. Do Social Ties Between External Auditors and Audit Committee Members Affect Audit Quality? [J]. The Accounting Review, 2017, 92 (5): 61-87.

[79] GUAN Y Y, SU L N, WU D H, et al. Do School Ties Between Auditors and Client Executives Influence Audit Outcomes? [J]. Journal of Accounting and Economics, 2016, 61 (2-3): 506-525.

[80] SIMUNIC D. The Pricing of Audit Services: Theory and Evidence [J]. Journal of Accounting Research, 1980, 18 (1): 161-190.

[81] FRANCIS J R, REICHELT K, WANG D. The Pricing of National and City-Specific Reputations for Industry Expertise in the US Audit Market [J]. The Accounting Review, 2005, 80 (1): 113-136.

[82] NEWMAN D P, PATTERSON E R, SMITH J R. The Role of Auditing in Inves-

tor Protection [J]. Accounting Review, 2005, 80 (1): 289 – 313.

[83] NUMAN W, WILLEKENS M. An Empirical Test of Spatial Competition in the Audit Market [J]. Journal of Accounting and Economics, 2011, (53): 450 – 465.

[84] TAYLOR M E, BAKER R L. An Analysis of the External Audit Fee [J]. Accounting & Business Research, 2016, 12 (45): 55 – 60.

[85] QIAN A, ZHU D, SCHOOL B. Does the Measurement of Fair Value Increase Audit Fees: An Example from Choosing the Subsequent Measurement Model of Investment Property in China [J]. Collected Essays on Finance & Economics, 2018 (1): 59 – 69.

[86] 吴联生, 刘慧龙. 中国审计实证研究: 1999—2007 [J]. 审计研究, 2008 (2): 36 – 46.

[87] 邢立全, 陈汉文. 产品市场竞争、竞争地位与审计费用: 基于代理成本与经营风险的双重考量 [J]. 审计研究, 2013 (3): 50 – 58.

[88] 田利辉, 刘霞. 国际"四大"的品牌溢价和我国上市公司的审计费用 [J]. 中国会计评论, 2013, 11 (1): 55 – 70.

[89] 翟胜宝, 许浩然, 刘耀淞, 等. 控股股东股权质押与审计师风险应对 [J]. 管理世界, 2017 (10): 51 – 65.

[90] 陈宋生, 曹圆圆. 股权激励下的审计意见购买 [J]. 审计研究, 2018 (1): 59 – 67.

[91] PCAOB, 2010b. Auditing Standard No. 14: Evaluating Audit Results. PCAOB Release No. 2010 – 004. (美国 PCAOB 公布的审计准则)

[92] DEANGELO L E. Auditor size and audit quality [J]. Journal of accounting and economics, 1981, 3 (3): 183 – 199.

[93] WATTS R L, ZIMMERMAN J L. Positive Accounting Theory: a Ten Year Perspective [J]. Accounting Review, 1990: 131 – 156.

[94] KHURANA I K, RAMAN K K. Are Big Four Audits in ASEAN Countries of Higher Quality Than Non-Big Four Audits? [J]. Asia-Pacific Journal of Accounting & Economics, 2004, 11 (2): 139 – 165.

[95] 张龙平. 注册会计师审计控制系统研究 [J]. 中南财经大学学报, 1994 (6): 75-80.

[96] CHEN C Y, LIN C J, LIN Y C. Audit Partner Tenure, Audit Firm Tenure, and Discretionary Accruals: Does Long Auditor Tenure Impair Earnings Quality? [J]. Contemporary Accounting Research, 2008, 25 (2): 415-445.

[97] LIM C Y, TAN H T. Does Auditor Tenure Improve Audit Quality? Moderating Effects of Industry Specialization and Fee Dependence [J]. Contemporary Accounting Research, 2010, 27 (3): 923-957.

[98] 吴溪, 王晓, 姚远. 从审计师成为客户高管: 对旋转门现象的一项案例研究 [J]. 会计研究, 2010 (11): 72-80.

[99] CHEN S, SUN S Y J, WU D. Client Importance, Institutional Improvements, and Audit Quality in China: An Office and Individual Auditor Level Analysis [J]. The Accounting Review, 2010, 85 (1): 127-158.

[100] FIRTH M, RUI O M, WU X. How Do Various Forms of Auditor Rotation Affect Audit Quality? Evidence From China [J]. The International Journal of Accounting, 2012, 47 (1): 109-138.

[101] KRISHNAN J. Audit Committee Quality and Internal Control: An Empirical Analysis [J]. The Accounting Review, 2005, 80 (2): 649-675.

[102] 刘峰, 周福源. 国际四大意味着高审计质量吗: 基于会计稳健性角度的检验 [J]. 会计研究, 2007 (3): 79-87.

[103] 王兵, 辛清泉. 分所审计是否影响审计质量和审计费用? [J]. 审计研究, 2010, 2: 70-76.

[104] GUL F A, CHEN C J P, TSUI J S L. Discretionary Accounting Accruals, Managers' Incentives, and Audit Fees [J]. Contemporary Accounting Research, 2003, 20 (3): 441-464.

[105] CHIN C L, CHI H Y. Reducing Restatements With Increased Industry Expertise [J]. Contemporary Accounting Research, 2009, 26 (3): 729-765.

[106] PALMROSE Z V. 1987 Competitive Manuscript Co-Winner: An Analysis of Auditor

Litigation and Audit Service Quality [J]. Accounting Review, 1988: 55 – 73.

[107] 谢盛纹, 闫焕民. 会计师事务所轮换与签字注册会计师轮换的成效对比研究 [J]. 审计研究, 2014 (4): 81 – 88.

[108] DECHOW P M, SLOAN R G, SWEENEY A P. Detecting Earnings Management [J]. Accounting Review, 1995: 193 – 225.

[109] WATTS R L, ZIMMERMAN J L. Agency Problems, Auditing, and the Theory of the Firm: Some Evidence [J]. The Journal of Law and Economics, 1983, 26 (3): 613 – 633.

[110] KALLAPUR S, SANKARAGURUSWAMY S, ZANG Y. Audit Market Concentration and Audit Quality [J]. SSRN Electronic Journal, 2010.

[111] BOONE J, KHURANA I, RAMAN K. Audit Market Concentration and Auditor Tolerance for Earnings Management [J]. Contemporary Accounting Research, 2012, 29 (4): 1171 – 1203.

[112] NEWTON N J, WANG D, WILKINS M S. Does a Lack of Choice Lead to Lower Quality? Evidence From Auditor Competition and Client Restatements [J]. Auditing: A Journal of Practice & Theory, 2013, 32 (3): 31 – 67.

[113] 刘明辉, 李黎, 张羽. 我国审计市场集中度与审计质量关系的实证分析 [J]. 会计研究, 2003 (7): 37 – 41.

[114] 徐浩萍. 会计盈余管理与独立审计质量 [J]. 会计研究, 2004 (1): 44 – 49.

[115] 王咏梅, 王鹏. "四大"与"非四大"审计质量市场认同度的差异性研究 [J]. 审计研究, 2006, 5: 12.

[116] 张涛, 吴联生. 审计师变更与审计质量: 一个理论分析 [J]. 审计研究, 2010 (2): 39 – 46.

[117] 龚启辉, 李琦, 吴联生. 政府控制对审计质量的双重影响 [J]. 会计研究, 2011 (8): 68 – 75.

[118] 张健, 魏春燕. 法律风险、执业经验与审计质量 [J]. 审计研究, 2016 (1): 85 – 93.

[119] 叶康涛,崔毓佳. 初始审计定价折扣与审计质量:基于客户与会计师事务所相对地位的视角 [J]. 会计与经济研究,2017 (4):3-16.

[120] 李俊霞. 会计师事务所扩张方式对审计质量的影响 [J]. 现代国企研究,2017 (10):94.

[121] 黄小勇,廖惠甜,王近悦. 制度环境、审计质量与会计信息质量 [J]. 财会通讯,2018 (6):18.

[122]《股票发行与交易管理暂行条例》,国务院第 112 号令.

[123]《关于拟发行股票公司聘请审计机构等问题的通知》,证监发行字〔2000〕131 号.

[124]《关于调整证券资格会计师事务所申请条件的通知》,财会〔2012〕2 号.

[125]《首次公开发行股票并上市管理办法》,中国证券监督管理委员会令,第 32 号,2006.

[126] 中国注册会计师协会官网. http://www.cicpa.org.cn.

[127] CLARKSON P M, SIMUNIC D A. The Association Between Audit Quality, Retained Ownership, and Firm-Specific Risk in US VS. Canadian IPO Markets [J]. Journal of Accounting and Economics, 1994, 17 (1-2): 207-228.

[128] 许艳. 中外财务报表概念框架比较研究 [J]. 会计之友,2010 (11):127-128.

[129] DOPUCH N, SIMUNIC D. Competition in Auditing: An Assessment [J]. In Fourth Symposium on Auditing Research, 1982, 401-450.

[130] 王雷,刘斌. 审计市场集中度,审计费用与非标准审计意见 [J]. 中国会计评论,2014 (1):81-98.

[131] FRANCIS J R, MICHAS P N, SEAVEY S E. Does Audit Market Concentration Harm the Quality of Audited Earnings? Evidence From Audit Markets in 42 Countries [J]. Contemporary Accounting Research, 2013, 30 (1): 325-355.

[132] CHOJ J H, KIM C, KIM J B, et al. Audit Office Size, Audit Quality, and Audit Pricing [J]. Auditing: A Journal of Practice & Theory, 2010, 29 (1): 73-97.

[133] DUNN K, KOHLBECK M J, MAYHEW B W. The Impact of Market Structure on Audit Price and Quality [J]. SSRN, 2013.

[134] CARSON E, SIMNETT R, SOO B S, et al. Changes in Audit Market Competition and the Big N Premium [J]. Auditing: A Journal of Practice & Theory, 2012, 31 (3): 47-73.

[135] DOOGAR R, EASLEY R F. Concentration Without Differentiation: A New Look at the Determinants of Audit Market Concentration [J]. Journal of Accounting and Economics, 1998, 25 (3): 235-253.

[136] Ferguson C, PINNUCK M, SKINNER D. Audit Pricing and the Emergence of the Big 4: Evidence From Australia [J]. University of Melbourne, 2013 (6).

[137] Frankel R M, JOHNSON N F, NELSON K K. The Relation Between Auditors' Fees for Non-Audit Services and Earnings Quality [J]. The Accounting Review, 2002 (77): 71-105.

[138] 刘峰, 许菲. 风险导向型审计·法律风险·审计质量 [J]. 会计研究, 2002 (2): 21-27.

[139] 刘峰, 周福源. 国际"四大"意味着高审计质量吗: 基于会计稳健性角度的检验 [J]. 会计研究, 2007 (3): 79-87.

[140] DEFOND M L, LENNOX C S. The Effect of SOX on Small Auditor Exits and Audit Quality [J]. Journal of Accounting and Economics, 2011, 52 (1): 21-40.

[141] KEDIA S, R AJGOPAL S. Do the SEC's Enforcement Preferences Affect Corporate Misconduct? [J]. Journal of Accounting and Economics, 2011, 51 (3): 259-278.

[142] MALLOY C J. The geography of Equity Analysis [J]. The Journal of Finance, 2005, 60 (2): 719-755.

[143] Teoh S H, WONG T J. Perceived Auditor Quality and the Earnings Response Coefficient [J]. The Accounting Review, 1993, 68 (7): 346-366.

[144] BECKER C M, DEFOND J, JIAMBALVO, et al. The Effect of Audit Quality

on Earnings Management [J]. Contemporary Accounting Research, 1998, 15 (1): 1 - 24.

[145] GUL F A. Audit Prices, Product Differentiation and Economic Equilibrium [J]. Auditing: A Journal of Practice and Theory, 1999, 18 (1): 90 - 100.

[146] 李连军,薛云奎. 中国证券市场审计师声誉溢价与审计质量的经验研究 [J]. 中国会计评论, 2007, 5 (3): 401 - 414.

[147] 中国注册会计师协会官网. http://www.cicpa.org.cn/.

[148] 国家统计局官网. http://www.stats.gov.cn/.

[149] 郭照蕊. 国际"四大"与高审计质量:来自中国证券市场的证据 [J]. 审计研究, 2011, (1): 98 - 107.

[150] 薛强,赵静. 区域生产力促进中心体系的建设模式分析:基于"重点省行动"的实证研究 [J]. 扬州大学学报:人文社会科学版, 2013 (3): 65 - 70.

[151] 程璐,陈宋生. 审计市场供需不平衡、会计师事务所选聘与审计费用 [J]. 会计研究, 2016 (5): 87 - 94.

[152] HAY D C, KNECHE W R, WONG N. Audit Fees: A Meta-Analysis of the Effect of Supply and Demand Attributes [J]. Contemporary Accounting Research, 2006, 23 (1): 141 - 191.

[153] 李文鹏. 会计师事务所行业专长、品牌声誉与审计费用:来自我国沪深A股上市公司的经验证据 [J]. 财会通讯, 2016 (21): 21 - 24.

[154] 李青原,周汝卓. "四大"审计师与审计质量的再审视 [J]. 东南大学学报(哲学社会科学版), 2016, 18 (1): 41 - 51.

[155] 顾奋玲,汪丽娟. "四大"国际化品牌特征及其启示 [J]. 中国注册会计师, 2017 (7): 25 - 28.

[156] 黄超,王敏,常维. 国际"四大"审计提高公司社会责任信息披露质量了吗? [J] 会计与经济研究, 2017 (5): 89 - 105.

[157] 唐勇军,夏丽,王文婷. 内部控制审计对财务报表审计质量影响研究:基于中小板和创业板上市公司视角 [J]. 财会通讯, 2018 (1): 10 -

14 + 131.

[158] M DEFOND, WONG T J, LI S. The Impact of Improved Auditor Independenceon Audit Market Concentration in China [J]. Journal of Accounting and Economics, 1999, 28 (3): 269 - 305.

[159] 刘峰, 周福源. 国际四大意味着高审计质量吗: 基于会计稳健性角度的检验 [J]. 会计研究, 2007 (3): 79 - 87.

[160] 韩晓梅, 郭威. 现代风险导向审计与项目审计工时: 来自中国证券市场的初步证据 [J]. 会计研究, 2011 (12): 78 - 85.

[161] PALMROSE Z. The Relation of Audit Contract Type to Audit Fees and Hours [J]. The Accounting Review, 1989, 64 (3): 488 - 499.

[162] O'KEEFE T B, SIMUNIC D A, STEIN M T. The Production of Audit Services: Evidence from a Major Public Accounting Firm [J]. Journal of Accounting Research, 1994, 32 (2): 241.

[163] BELL T B, DOOGAR R, SOLOMON I. Audit Labor Usage and Fees under Business Risk Auditing [J]. Journal of Accounting Research, 2008, 46 (4): 729 - 760.

[164] DOPUCH N, GUPTA M, SIMUNIC D A, et al. Production Efficiency and the Pricing of Audit Services [J]. Contemporary Accounting Research, 2010, 20 (1): 47 - 77.

[165] DEIS D R, GIROUX G. The Effect of Auditor Changes on Audit Fees, Audit Hours, and Audit Quality [J]. Journal of Accounting and Public Policy, 1996, 15 (1): 55 - 76.

[166] GIROUX G, DEIS D, BRYAN B. The Effect of Peer Review on Audit Economies [J]. Research in Accounting Regulation, 1995, 9: 63 - 82.

[167] BLOKDIJK H, DRIEENHUIZEN F, SIMUNIC D A, et al. An Analysis of Cross-Sectional Differences in Big and Non-Big Public Accounting Firms' Audit Programs [J]. Auditing: A Journal of Practice & Theory, 2006, 25 (1): 27 - 48.

[168] 李伟, 韩晓梅, 吴联生. 审计投入的产出效应 [J]. 会计研究, 2018, 365 (3): 73-79.

[169] 张立民, 漆江娜. 深化审计收费研究, 促进审计质量提高 [J]. 财会月刊, 2004 (2a): 31-32.

[170] 董沛武, 程璐, 乔凯. 客户关系是否影响审计收费与审计质量 [J]. 管理世界, 2018, 8: 143-153.

[171] CALLEN J L, FANG X. Crash Risk and the Auditor-Client Relationship [J]. Contemporary Accounting Research, 2016, 34 (3).

[172] BENNETT G B, HATFIELD R C. The Effect of the Social Mismatch between Staff Auditors and Client Management on the Collection of Audit Evidence [J]. Accounting Review, 2013, 88 (1): 31-50.

[173] 许浩然, 魏汉泽, 张敏. 审计师—客户长期关系、强制轮换与审计质量 [J]. 财经论丛, 2017, 218 (3): 60-70.

[174] KNIGHT F H. Risk, uncertainty and Profit [J]. Hart, Schaffner and Marx, 1921.

[175] WALD A, WOLFOWITZ J. Bayes Solutions of Sequential Decision Problems [J]. The Annals of Mathematical Statistics, 1950: 82-99.

[176] 丁义明, 方福康. 风险概念分析 [J]. 系统工程学报, 2001, 16 (5): 402-406.

[177] 郭晓亭, 蒲勇健, 林略. 风险概念及其数量刻画 [J]. 数量经济技术经济研究, 2004 (2): 111-115.

[178] MOWBRAY A H, BLANCHARD R H, WILLIAMSJR C A. In-Surance. 6th [J]. Journal & Insurance, 1970, 37 (2): 300.

[179] WILLIAMS C A, HEINS R M. Risk Management and Insurance [M]. New York: McGraw-Hill Companies, 1985.

[180] MARCH J G, SHAPIRA Z. Managerial Perspectives on Risk and Risk Taking [J]. Management Science, 1987, 33 (11): 1404-1418.

[181] MARKOWITZ H. Portfolio Selection [J]. The Journal of Finance, 1952, 7

(1): 77-91.

[182] SHARPE W F. Capital Asset Prices: A Theory of Market Equilibrium Under Conditions of Risk [J]. The Journal of Finance, 1964, 19 (3): 425-442.

[183] ROSENBLOOM J S. A Case Study in Risk Management [M]. Upper Saddle River: Prentice Hall, 1972.

[184] CRANE J P, KOPTA M M. Genetic Amniocentesis: Impact of Placental Position Upon the Risk or Pregnancy Loss [J]. American Journal of Obstetrics & Gynecology, 1984, 150 (7): 813-816.

[185] BROCKETT P L, KAHANE Y. Risk, Return, Skewness and Preference [J]. Management Science, 1992, 38 (6): 851-866.

[186] 段开龄. 风险管理教育的发展 [M]. 北京: 新华出版社, 1999.

[187] LEVY H, MARKOWITZ H M. Approximating Expected Utility by a Function of Mean and Variance [J]. The American Economic Review, 1979, 69 (3): 308-317.

[188] 《独立审计具体准则第9号——内部控制与审计风险》, 会协字〔1996〕456号.

[189] 美国注册会计师协会第47号《审计准则公告》, SAS No. 47, 1983.

[190] ALTMAN E I. Financial Ratios, Discriminant Analysis and the Prediction of Corporate Bankruptcy [J]. The Journal of Finance, 1968, 23 (4): 589-609.

[191] JOHN O P, NAUMANN L P, SOTO C J. Paradigm Shift to the Integrative Big Five Trait Taxonomy [J]. Handbook of Personality: Theory and Research, 2008, 3 (2): 114-158.

[192] ACHARYA V V, GALE D, YORULMAZER T. Rollover Risk and Market Freezes [J]. The Journal of Finance, 2011, 66 (4): 1177-1209.

[193] 王竹泉, 王贞洁, 李静. 经营风险与营运资金融资决策 [J]. 2017 (5): 8.

[194] 朱荣策. 企业所有权结构对企业业绩、企业风险影响分析: 基于中国上市公司的实证检验 [J]. 商业时代, 2013 (34): 71-73.

［195］刘立国，杜莹. 公司治理与会计信息质量关系的实证研究［J］. 会计研究，2003（2）：28-36.

［196］吴明隆. SPSS 统计应用实务问卷分析与应用统计［M］. 北京：科学出版社，2003.

［197］NUNNALLY J C, BERNSTEIN I H. Psychometric Theory［M］. New York：McGraw-Hill，1994.

［198］PETERSON, ROBERT. Meta-analysis of Cronbach's Coeffcient Alpha［J］. Journal of Consumer Research，1994，21（2）：381-391.

［199］KYPRI K, STEPHENSON S, LANGLEY J. Assessment of Nonresponse Bias in an Internet Survey of Alcohol Use［J］. Alcoholism, Clinical and Experimental Research，2004，28：630-634.

［200］张茂军，南江霞，李登峰. 带有三角直觉模糊数的多属性决策的 TOPSIS［J］. 运筹与管理，2012，21（5）：96-101.

［201］王军梅. 脆弱性视角下的道路交通突发事件应急能力测度及风险评价研究［D］. 北京：北京理工大学，2014.

［202］万树平，董九英. 基于三角直觉模糊数 Choquet 积分算子的多属性决策方法［J］. 中国管理科学，2014，3：121-129.

［203］HWANG C L, YOON K. Methods for Multiple Attribute Decision Making［J］. Multiple Attribute Decision Making. Springer Berlin Heidelberg，1981：58-191.

［204］夏勇其，吴祈宗. 一种混合型多属性决策问题的 TOPSIS 方法［J］. 系统工程学报，2004，19（6）：630-634.

［205］CHEN C T. Extensions of the TOPSIS for Group Decision-Making Under Fuzzy Environment［J］. Fuzzy Sets & Systems，2000，114（1）：1-9.

附录 A

《2016年会计师事务所综合评价前百家信息》[①]

《2016年会计师事务所综合评价前百家信息》如附表1所示。

附表1 2016年会计师事务所综合评价前百家信息

会计师事务所名称	名次	综合评价得分	会计师事务所本身业务收入 金额（单位：万元）	与会计师事务所统一经营的其他执业机构业务收入 金额（单位：万元）	业务收入指标得分
普华永道中天会计师事务所	1	1 728.05	411 733.1	0	1 000
瑞华会计师事务所	2	1 673.68	403 014.9	24 908.09	996.72
德勤华永会计师事务所	3	1 669.14	332 477.3	0	961.77
立信会计师事务所	4	1 655.04	350 168.6	34 539.93	971.92
安永华明会计师事务所	5	1 654.61	296 071.8	0	941.03
毕马威华振会计师事务所	6	1 623.27	253 335.3	0	913.16
天健会计师事务所	7	1 562.96	192 841.3	0	864.37

[①] 数据来源：中注协关于《2016年会计师事务所综合评价前百家信息》公示的通告（会协〔2016〕46号）。

续表

会计师事务所名称	名次	综合评价得分	会计师事务所本身业务收入 金额（单位：万元）	与会计师事务所统一经营的其他执业机构业务收入 金额（单位：万元）	业务收入指标得分
信永中和会计师事务所	8	1 537.16	156 075.2	0	826.54
天职国际会计师事务所	9	1 518.94	152 274.8	34 733.63	824.16
致同会计师事务所	10	1 515.99	152 857.4	0	822.81
大华会计师事务所	11	1 504.43	157 545.5	27 138.23	829.75
大信会计师事务所	12	1 497.07	150 851.9	8 112.35	820.93
中审众环会计师事务所	13	1 396.91	106 456.9	0	758.12
中汇会计师事务所	14	1 371.44	86 951.8	0	721.93
中天运会计师事务所	15	1 349.79	76 676.78	34 920.48	703.47
北京兴华会计师事务所	16	1 343.36	76 055.24	37 098.44	702.3
中审华寅五洲会计师事务所	17	1 334.1	74 521.26	1 116.17	694.48
中兴财光华会计师事务所	18	1 329.64	64 971.28	94 531.08	682.38
中兴华会计师事务所	19	1 310.31	70 367.75	35 076.57	688.5
天衡会计师事务所	20	1 288.62	52 516.81	10 837.21	633.61

续表

会计师事务所名称	名次	综合评价其他指标得分	处罚和惩戒指标应减分值	参考项目		
				注册会计师人数（单位：人）	人均业务收入（单位：万元）	师均业务收入（单位：万元）
普华永道中天会计师事务所	1	728.05	0	1 056	58.03	389.9
瑞华会计师事务所	2	686.96	-10	2 514	46.11	160.31
德勤华永会计师事务所	3	713.37	-6	852	58.94	390.23
立信会计师事务所	4	683.12	0	1 939	42.19	180.59
安永华明会计师事务所	5	719.58	-6	999	55.9	296.37
毕马威华振会计师事务所	6	710.11	0	741	54.56	341.88
天健会计师事务所	7	698.6	0	1 453	44.17	132.72
信永中和会计师事务所	8	710.62	0	1 278	34.59	122.12
天职国际会计师事务所	9	694.78	0	943	44.19	161.48
致同会计师事务所	10	693.17	0	949	43.57	161.07
大华会计师事务所	11	674.68	0	1 114	37.89	141.42
大信会计师事务所	12	676.14	0	1 127	37.92	133.85
中审众环会计师事务所	13	638.78	0	737	35.59	144.45

续表

会计师事务所名称	名次	综合评价其他指标得分	处罚和惩戒指标应减分值	参考项目		
				注册会计师人数（单位：人）	人均业务收入（单位：万元）	师均业务收入（单位：万元）
中汇会计师事务所	14	649.51	0	448	56.94	194.09
中天运会计师事务所	15	646.32	0	566	41.92	135.47
北京兴华会计师事务所	16	641.06	0	647	34.04	117.55
中审华寅五洲会计师事务所	17	639.62	0	690	40.46	108
中兴财光华会计师事务所	18	647.26	0	717	40.03	90.62
中兴华会计师事务所	19	621.82	0	569	47.55	123.67
天衡会计师事务所	20	655.01	0	308	48.4	170.51

附录 B

上市公司经营风险调查问卷

尊敬的专家、领导：

您好！

非常感谢您在百忙之中抽出时间填写这份问卷！本问卷是为探讨上市公司经营风险的相关影响因素及作用机理进行的一项研究，诚邀您提供宝贵的意见与建议。我们向您郑重承诺：调查结果会受到严格保密，不会透露给任何第三方。请您不必有任何顾虑，并尽可能客观填写。

非常感谢您的合作与支持！

第一部分：主体指标

填写说明：请根据所在上市公司基于如下指标方面的表现对上市公司所面临的风险进行打分，风险程度分为很低、低、一般、高和很高5个等级，依次赋值1、2、3、4、5，请您依据上市公司当年经营财务实际状况在相应空格里打钩（附表2）。

附表 2　指标因子

指标因子体系			指标评分				
准则层变量	指标层变量	指标层因子	1	2	3	4	5
基本信息							
	所有权结构						
		所有权性质					

续表

指标因子体系			指标评分				
准则层变量	指标层变量	指标层因子	1	2	3	4	5
		控股母公司情况					
	组织结构						
		组织结构复杂程度					
		业务流程规范程度					
		部门设置合理程度					
	公司规模						
		业务范围					
		经营规模					
行业背景							
	行业性质						
		公司所属行业风险水平					
		行业主要法律法规及政策健全程度					
		行业竞争状况					
	行业发展状况						
		行业平均利润水平					
		行业所处发展周期					
	在行业中所处地位						
		主要竞争对手					
		市场份额					
治理结构							
	董事会构成						
		董事会的构成情况					
		董事会的运作情况					
		独立董事的设立情况					
	审计委员会或监事会设立情况						

续表

指标因子体系			指标评分				
准则层变量	指标层变量	指标层因子	1	2	3	4	5
		审计委员会设立情况					
		监事会设立情况					
	内部控制缺陷						
		内部控制制度建设情况					
		内部控制缺陷程度					
经营状况							
	收入来源						
		收入来源的稳定性					
		收入确认政策的合理性					
		收入来源的地区与行业分布					
	供应链上下游						
		销售客户构成					
		高度依赖的客户数量					
		造成高回收性风险的客户数量					
		主要供应商构成					
		原材料供应的可靠性和稳定性					
		原材料价格的波动性					
	投资活动						
		重大关联方及关联交易情况					
		拟实施或已实施的并购活动与资产处置情况					

续表

指标因子体系			指标评分				
准则层变量	指标层变量	指标层因子	1	2	3	4	5
	筹资活动	资本性投资活动情况					
		资金筹集渠道					
		可能导致持续经营和流动性问题的筹资活动数量					

■ 第二部分：个人基本信息

1. 您来自哪家上市公司：＿＿＿＿＿＿＿＿

2. 您的性别：□男　□女

3. 您是：□专科生　□本科生　□硕士生（含 MBA）　□博士生

4. 您的专业为：□会计专业　□金融专业　□管理专业　□其他

5. 您的工龄是：□≤5 年　□5～10 年　□≥10 年

6. 您的职称是：□正高级职称　□副高级职称　□中级职称　□其他职称

7. 您对上市公司经营风险的熟悉程度为：
□不熟悉　□了解一点　□一般　□比较熟悉　□非常熟悉

8. 您填写问卷的依据是：
□工作经验　□理论分析　□参考学术著作　□直觉判断

■ 第三部分：意见与建议

请您务必在＿＿＿年＿＿＿月＿＿＿日之前将调查结果反馈到如下邮箱：×××@bit.edu.cn。如果您有任何疑问或建议也请与我们联系。再次感谢！